JN274710

# 子どもの悲しみによりそう

## 喪失体験の適切なサポート法

ジョン・ジェームス、ラッセル・フリードマン、レスリー・ランドン 著
水澤都加佐、黒岩久美子 訳

大月書店

WHEN CHILDREN GRIEVE :

*For Adults to Help Children Deal with Death,Divorce,Pet Loss,Moving,and Other Losses*

Copyright ⓒ 2001 by John W.James and Russell Friedman

Japanese translation rights arranged with RLR Associates,Ltd.

through Japan UNI Agency, Inc.

# 日本の皆様、とくに福島をはじめとする被災地の子どもたちへ

東北地方を中心に幅広く襲った地震と津波、そして福島の原子力発電所の事故は、すさまじい被害と同時に計りしれない深い悲しみをもたらしました。その衝撃は、物質的な、あるいは情緒的な問題にかぎられたものではなく、終わりの見えない再建の中で、繰り返し災害を思い出し、悲しみはたえまなく続き、また眼に見えない放射能の恐怖と健康被害の不安の中に人々がおかれていることをお察しします。

私たち大人は子どもたちに読み書きを教えたり、安全に暮らしたり、今日の社会に適応し、未来への希望を育んでもらいたいと努めます。こうした課題が重要であると同様に、生活に大きな影響を与える喪失体験にいかに対処するかを、子どもたちに教えることもまた必要なのです。

子どもにとって、人の死や親の離婚は大きな喪失感を生みだしますが、それ以外にも四〇を越える悲しみの感情を生み出す出来事が存在します。とくに被災地の方たちにとっては、重なる喪失体験とそこからひきおこされる悲しみの感情に対処する、適切で効果的な方法が必要とされていることでしょう。

私たちが培ってきた悲しみへの対処法を、ここに心をこめて日本の皆様へお届けします。

私たちは、喪失に効果的に対応すれば、それらが蓄積したり悪化したりしないことを知っています。だからこそ、過去のつらい出来事を繰り返し心の中で追体験したり、将来の不安が根を下ろしたりしないようにしなければなりません。そのために本書が、みなさんとみなさんの子どもたちのお役にたつことを心より願っています。

R・フリードマン、J・ジェームス、S・オークス、R・ランドン

もくじ

# はじめに

人生には、時として現実とは思えないようなことが起きます。アメリカにおいては、二〇〇一年九月一一日の同時多発テロ事件がまさにそうでした。あのような非日常的で異常な出来事に対する備えなど、大人にとっても子どもにとってもまったくと言っていいほどありませんでした。

本書は、それより少し前に書かれたものなので、あのような大きな事件に対する直接的な対応の仕方には触れてはいません。しかしながら、子どもたちの喪失体験に対する反応と、子どもをどのように導いたらよいのか、親のためのガイドラインをくわしく述べており、きわめて実践的なものです。

子どもたちが、非日常的で異常な出来事に圧倒されてしまい、恐れや不安におののいているとき、どのようなかかわりが大切かを本書は丁寧に示します。

**酸素マスクは、自分から**

旅客機に搭乗すると、最初に客室乗務員が非常事態に備えてアナウンスします。飛行機に乗ったことのある人ならだれでも、酸素マスクが座席の頭上から降りてきたらどうしたらいいのか、思い出すにちがいありません。客室乗務員のアナウンスは、きっとこんなふうだったと思います。

「もしお客様が小さなお子さんといっしょでしたら、お子さんに酸素マスクをつける前に、まず自分の酸素マスクをしっかり装着してください」

なぜ親が先につけるのでしょう。それは、自分が呼吸できなかったら子どもを助けることはできないからです。私たちは、この本の安全な搭乗のために、次のようなアナウンスをしたいと思います。「もしあなたが何歳であれ子どもとともに旅をするなら、何かが起きて子どもを助けようとする前に、この本の中にあるいくつかのアイディアをご自分の頭と心にしっかりと取り入れてください」

私たちはみなさんを、子どもたちが情緒的によりよい状態であるために役に立つ、とても安全で価値のある情報へとご案内します。この本の情報や考え方の中には、みなさんにとって新しいものもあるでしょう。前から知っていたことには、みなさんは「何だ、そんなことか」と油断するかもしれませんし、新しい考え方には「そんなことは受け入れられない」と拒否されるかもしれません。そんなときには、私たちは繰り返しみなさんに注意を促すでしょう。「シートベルトをお締めください」と。

## 私たちはなぜ、この本を書いたか

私たちは三人でこの本を書きました。

ジョンは、二三年前に悲しむ人たちへの援助を始めました。ある出来事がきっかけでした。その出来事というのは、彼の息子が生後三日で亡くなったことです。ジョンはとても大きなショックを受け、もう、以前のように平穏に生きつづけられるとはとうてい考えられませんでした。

ジョンは、自分の心の痛みをどうしたらよいかを考えつづけ、その方法を見つけ、再び自分の人生を生きられるようになりました。すると、友人たちはジョンの変化を見て、同じように悲しみにくれ、心の痛みに苦しんでいる人たちを連れてくるようになりました。ジョンは、その人たちを援助するために、多くの時間を割くようになり、もともとの建設の仕事はわきに置かれました。

あまりにも多く喪失の問題を抱える人がいるために、ジョンはほとんど自分の時間がもてなくなりました。そこで、『グリーフ（深い悲しみ）からの回復ハンドブック』という本を書くことにしました。悲しみにくれる人たちが、自分で方法を学べるようにするためです。この本は自費出版されてすぐに、ハーパーコリンズ社（その後Harper & Rawに変更）が『The Grief Recovery, Step by Step Program for Moving Beyond Loss』として改訂出版することになりました。

ラッセルは、一九八七年からジョンと仕事をするようになりました。ラッセルは、二度の離婚と経済的破綻を経験した時に、ジョンの開いている「The Grief Recovery Institute」に出会いました。

ラッセルは、友人にひっぱられてジョンに会いにきました。その日までラッセルは、喪失による悲しみは「死」に関連したものだけだと思っていました。周囲で亡くなった人はいないのに、なぜ友人がジョンの話を聞きに自分を誘ったのかわかりませんでした。けれど話を聞いて、ラッセルは気づきました。自分の結婚生活の終結は、すべての希望や夢、特別な人が日が沈むように消えてゆく「死」を意味していたことに。ラッセルは、すぐにジョンに連絡し、「The Grief Recovery Institute」でボランティアとして働くことを決めました。ジョンとラッセルはそれ以来ずっといっしょで、今やビジネスのパートナーであり、共著者であり、友人でもあるのです。

レスリーは、最近生まれたばかりの三番目の子どもを連れてあるくので、ドクター・ママとして知られています。父親はマイケル・ランドンで、「ボナンザ」や「大草原の小さな家」など、数多くの映画に出演している著名な俳優です。マイケルは、一九九一年に五四歳で亡くなりました。だれでも家族の死には打撃を受けますが、とくに親が若く、突然の死であった場合には、喪失の痛みはより大きくなるものです。さらに、レスリーには別の困難が加わりました。父親の名声は、レスリーと家族に、父親の死に伴う感情を個人のものとして扱うことを遮ったのです。メディアは墓地にまで押し寄せ、お墓の前で静かに祈ることもできませんでした。レスリーは、父親の死によって引き起こされた相反する感情、悲しみと怒りの扱い方を学ぶために、ジョンのワークショップに参加しました。そのときレスリーは、父親の死だけではなく、両親が離婚したときの大きな痛みがよみがえるのを感じて驚きました。長いこと抱えていた未完の（完結していない・未処理のままの）感情を発見したのです。

レスリーは、結婚と家族のセラピスト（Marriage and Family Therapist→MFT）として、とくに子どもたちを援助する仕事をしていましたが、自分が受けたトレーニングが以前から知っていたものとは異なっていて、しかもより効果的であると感じました。子どもたちの援助に役立てようと、レスリーは「深い悲しみからの回復のための資格授与トレーニング・プログラム」に参加することにしました。

一方、このころ、ジョンとラッセルは忙しくて本をまとめる仕事がなかなか進みませんでした。二人はレスリーに手伝ってもらおうと思いつきました。

こうして三人はチームとなり、それぞれが深刻な喪失感で影響を受けている人たちを援助したいという思いから、喪失感を抱えた人たちを助ける正確で安全な情報と、喪失により引き起こされた心の痛みを癒すための効果的な方法を伝えるために、この本を世の中に送り出すことにしました。

みなさんは、きっと自分にかかわる子どもたちを助けたいと願っていることでしょう。共感と愛を持つことは、人を援助するときのすばらしいモチベーションになります。私たちはみなさんに共感し、応援します。子どもたちを援助するには、善意と適切な方法と技術、情報が必要になります。本書にはそれがあります。私たちは、みなさんが本書の最後の章まで心に留めて読んでいただくことを願っています。

新しい始まりに対して心をこめて、みなさんとお子さんたちに。

ジョン、ラッセル、そしてレスリー

# パート1　喪失に関する神話を見つめる

## 子どもは大人のまねをする

「私の息子の父親が亡くなりました。私はどうやって息子を助けたらいいのでしょうか」

私たちのところへ、このような相談の電話がかかってきました。適切に応えるのは、パズルを解くのと同じにむずかしいものです。

こうした相談は、同時にいくつもの疑問を引き起こします。電話をとったラッセルは、電話をかけてきた人の状況を理解するために、いくつかの質問をしました。

「息子さんの父親とは、あなたのご主人のことですか?」「ごいっしょに生活をしておられたのですか?」「あなたはご主人を愛しておいでだったのでしょうか?」

この三つの質問に、電話をかけてきた人はすべて「はい」と答えました。つまり、この女性は愛していた夫を突然失い、衝撃を受け、困惑しているのです。彼女の夫は五〇歳で、それまでずっと健康だったのですが、ある朝、職場についた時に突然心臓発作を起こし、帰らぬ人となったのです。二人の間には、九歳の息子と、一四歳と五歳の娘がいました。

ラッセルは、まず彼女に夫との関係性について聞こうとしたのですが、彼女は九歳の息子のために何ができるかだけを聞きたがりました。

彼女の息子は、父親の死をどう感じているかを、いっさい語ろうとしないというのです。「大丈夫？　なにかしてほしい？」と聞いても、「なんでもないよ、ぼくは元気さ」と、きわめて平静にしています。それでも彼女は何度かたずね、父親の死に関して話そうとすると、息子は自分の部屋に入り、ドアを閉めてしまったそうです。息子は、父親の死によって押しつぶされるような悲しみを抱いているはずですが、そのことを口にしないのです。彼女は、そうした状態が続くことは息子にとって決して健康的なことではない、と確信していました。

ラッセルは、息子の行動が彼女を不安にさせているのを知ると同時に、大きな喪失体験を経験した子どもにとって、正常ともいえる反応をしていることに気がつきました。そして、彼女が夫をとても愛していると言ったことを思い出し、やさしく言いました。

「あなた自身もご主人を亡くして、とても大きな影響を受けておいでですね」

しばらくして、のどにつまったような声で、彼女はこう答えました。「はい、そうなのです」

ラッセルは続けました。「あなたは、これからどうなさりたいと思っていますか？」

「私は息子のために、もっと強くならなければと思うんです。みんなにもそう言われるし。だから泣きたくなると、自分の部屋に行くんです」。

長い沈黙が続きました。ラッセルはじっと待ちました。すると、彼女は、はじめて自分の言ったことに気づきました。緊張と警戒の電球が頭の中でぱっと消え、彼女は理解したのです。
「まあ、なんということかしら。息子は、私と同じことをしているんだわ、そうでしょう？」
後で、もう一度くわしくこの親子の話をします。二人の娘さんたちについても。この家族の話は、喪失体験を持つ子どもたちにかかわる人たちにとって、重要な例となるはずです。

## あなたはなぜこの本を読んでいるのですか？

あなた自身が、最近、喪失の体験をされたのかもしれませんね。もしかしたら、少し前に起きたなんらかの喪失によって、お子さんを見守る必要があるのかもしれません。または、この本を読んだ友人や親戚の方から、あなたのお子さんのために読んでみたら？　とすすめられたのでしょうか。それとも、将来に避けることができない喪失が起こるかもしれないので読んでいるのかもしれませんね。

けれど共通しているのは、この本を読んでいるみなさんは、子どもたちをとても愛していて、なんとかしたいと感じているということでしょう。それは重大な事実です。みなさんは、喪失体験を持つ子どもたちが受ける様々な影響に対して（その影響にはこれからまもなく生ずるものもありますが）、効果的にかかわり、助けたいという純粋な気持ちを持っていらっしゃるのでしょう。

私たちは、みなさんが可能なかぎり最善の情報を持ち、あらゆる種類の喪失体験に伴う幅広い感情にかかわり、子どもたちの安全を確保するためのパートナーであることを誇りに思います。

喪失体験に効果的にかかわるために、本書を読んでその基礎を確立することは、みなさんが子どものためにできる大きな贈り物であるにちがいありません。

# 第1章　問題はなにか？　それはだれの問題か？

みなさんが気にかけている子どもは、一つかそれ以上の喪失体験を持っているのでしょう。子どもの喪失体験のすべてのリストをつくるのは不可能ですが、子ども時代に次々と起こる、非常に一般的な喪失には次のような出来事があります。

□ペットの死
□祖父母の死
□引っ越し
□両親の離婚
□親の死
□遊び仲間、友人、親戚の死
□子ども自身の大きなけがや病気、あるいはその子の生活で重要なだれかの病気やけが

これらの喪失が起きたという事実は、問題の一部分にすぎません。残された問題は、こうした喪失に伴う子どもたちの感情をどのように扱い、どうかかわったらよいのかということです。

子どもに否定的な影響を及ぼす何かが起きたとします。おそらく、子どもの行動を見ていればそれに気がつくはずです。悲しみの感情のサインの多くは、明白なものです。そうしたサインは、死や離婚、あるいはそのほかの喪失でもよく似ているものです。

例として、死に関する子どもたちの反応を紹介します。まず、子どもたちが死を知った直後の反応は、「無感覚」です。無感覚がどのくらいの期間続くかは子どもによって異なりますが、それが続いている間は、集中力が低下します。

他の大きな反応は、食事と睡眠のパターンの変化です。この変化は極端から極端にはしります。感情の動きの大きな特徴は、まるでローラーコースターに乗っているように、感情が高まったり落ちこんだりを繰り返すことです。

このような反応を紹介するのは、反応の状態によってレッテルを張るためではありません。通常では体験しないような特別な痛みを伴うことが起き、それに圧倒されてしまったときは、このような反応が起こるのは正常だということです。たとえだれかの死が長い病気の結果であり、いつか亡くなるかもしれないという心の準備も時間も十分あったとしても、こうした反応が起こることは、正常であり典型的なものなのです。大人もそうですが、前もって死に対する感情的な反応に対して、準備をするのは無理でしょう。

この本では、みなさんの気にかけている子どもたちに代わって、死やその他の喪失に対する子どもの反応を伝え、どのように援助するかを考えていきます。みなさんは、喪失の出来事と回復の可能性を、恐れとまちがった情報のためにとまどうことなく、子どもたちを助けるためにどのような考え方に価値があり、役に立つかを順をおって確かめていってください。

では先にすすみましょう。

## 悲しみとは何か？

もうすでに、何度も「悲しみ」という言葉がでてきました。まず、互いの理解のためにこの言葉の意味を明確にし、定義づけをします。多くの人は、悲しみを死に関連づけてとらえますが、私たちは、すべての喪失体験に関連して、悲しみを幅広く定義づけします。

悲しみとは、身につき、なじんだ行動パターンが変化し、または終わることによって生ずる感情的な葛藤です。

さきほどあげた喪失のリストの一つひとつが、大きくて重い変化と、なじみだったものの終局を率いてきます。人であれペットであれ、死は、今までずっといたものが存在しなくなるということです。引っ越しは、なじんだ場所や知人・友人とのお別れであり、生活の変化を引き起こします。離婚は、今までの生活を終わらせ、親戚の人たちや友人、なじんだ家との別れも伴うかもしれません。

それらの喪失の出来事は、子どもに大きな感情的な衝撃を与えることは容易に想像できます。

私たちは悲しみを、「感情的な葛藤である」と定義しました。感情的な葛藤という概念には説明が必要かと思います。もし、あなたの恋人が長い間助からない病気で苦しんでいて亡くなったとしたら、もしかしたらあなたは、ある種の解放感を感ずるかもしれません。それは、あなたの恋人がもう痛みや苦しみを感じないですむという考えから生ずるのです。同時に、あなたの心は、恋人がすでにこの世には存在しないという喪失感でくだけそうになるにちがいありません。このように、感情的な葛藤とは、解放感と悲しみの相対立した感情なのです。

引っ越しも同じような感情の葛藤を引き起こします。古い家や近所の人たちといった、なじんでいたものは失いますが、同時に新しい場所でよい出会いがあるかもしれません。けれど子どもたちは、住む場所、日課、そして身体的になじんでいたものの変化の影響をより受けやすいものです。

## 明らかな喪失と隠れた喪失

死や離婚、引っ越しは明らかな喪失ですが、見えにくい喪失もあります。

たとえば、明らかな喪失として、子どもや親の身体的あるいは精神的な健康問題は、子どもに劇的な衝撃を与えます。また、家庭の経済的変化は、否定的であれ肯定的であれ、子どもの生活に影響を与えます。学会では、子どもに悲しみを招く生活上の経験を四〇以上リストにあげ、私たちも喪失の経験のリストを、具体的ではないもの、評価することがむずかしいものにまで幅を広げています。それらは隠れた喪失であり、たとえば、信用の喪失、安全性の喪失、精神のコントロールの喪失は、もっとも見えにくく、無形の喪失とも言われます。

これらは子どもたちに影響を及ぼしますが、その時は隠されていて、大人になってからセラピーを受けたり自己チェックをしたときなどに顔を出します。私たちは、子どもたちの生活の中で起きる喪失の出来事をくわしく探求していきます。みなさんは、子どもたちに影響を及ぼした一般的ではない喪失、隠れた喪失についてもこの本で発見し、理解していくことになるでしょう。

## 喪失体験を比べない

「靴がないことぐらいで泣くものではない。足のない人だっているんだから」子どもが靴がなくて泣いている時、親にこう言われたとしたら、子どもは「自分は足があってよかった」と感謝するでしょうか？

残念なことに、私たちは喪失体験に対して、しばしばこういったなぐさめ方をしてしまいます。「もっと大きな喪失を体験した人もいるのよ」、あるいは、「もっとたくさん喪失を体験した人に会うといいわ。そうすればあなたの悲しみがやわらぐから」など。

相手につらい思いをさせるなぐさめ方の例をもうひとつあげましょう。お子さんを亡くした夫婦がいると想像してください。彼らには、ほかに二人のお子さんがいます。その夫婦は何度も耳にしました。「お子さんが亡くなったのはとても残念だけど、でも、ほかにも二人のお子さんがいるんですから」

友人や親戚の人たちはなぐさめようとしたのですが、実際彼らがしていることは、ほかの喪失と比べているのです。みなさんは、子どもを失った夫婦が、「ほかに二人の子どもがいるでしょう」と言われて、悲しみが小さくなると思いますか？　善意であれ、喪失を比較するということは、結果的に反対のことをしているのです。悲しんでいる人の感情はかえって悪くなります。悪くなるということは、そうしたコメントが、喪失の経験者の気持ちを理解していないことを意味するので、結果として悲しんでいる人を孤立させ、かえって問題を悪化させるのです。

すべての喪失は一〇〇パーセントの経験であって、半分の悲しみ、などというものはないのです。子どもたちにとっては、なおさらです。子どもからおもちゃを取りあげたとき、子どもが泣き叫ぶのをみなさんは知っているはずです。感情的な反応は大きく、強烈で、涙は真実です。みなさんが、子どもたちの生活に起きた避けがたい喪失に対応するとき、どうか決して喪失を比べないでください。

そしてまた、子どもの感情を無視しないでください。

## 時間の経過だけでは癒されない

まもなく私たちは、悲しみについての六つの神話に対面することになります。

神話とはみなさんが信じこんでいる、そして見直そうとしなかった、まちがった考えをさします。もし、みなさんが神話を信じこむ態度を変えなければ、子どもを援助する力を十分に発揮できないでしょう。

神話の例を一つあげます。それは「時間が心の傷を癒す」ということです。これは誤った信念であり、おそらくどのような喪失からの回復のためにも、もっとも大きな障害の一つになります。

そのことがわかるおもしろい例え話があります。

あなたは車で外出したとき、タイヤがパンクしていることに気がつきました。その時、あなたは座席に座ったままタイヤに空気がいっぱいになるまで待ちつづけますか？　そんなバカな！　多分あなたは、トランクに入っているスペアタイヤを取りだすか、あるいは、修理業者に電話をするか、どちらかでしょう。そのどちらであっても、タイヤの修復は行動の結果であって、時間の経過ではありません。

この例を出すと多くの人がわかってくれます。しかし中には、タイヤのパンク修理と愛する人の死とでは違いがあると抗議する人がいます。たしかにその通りですが、違うのは喪失体験によって引き起こされる痛みからの回復と、パンクしたタイヤを換えるのとでは、行動が異なるということだけです。

悲しみの感情からの回復は、小さな、そして正しい連続した行動によってのみ成しとげられます。

この本の基本的な目的は、正しい行動とは何か、そしてそれをどうやって子どもたちを援助するために使うのかを示すことです。この本は、みなさんが子どもたちを援助するための特別なガイドラインを提供します。しかし、解決策を手にする前に、みなさんの前に立ちはだかっているものがなんであるかを見極めることが必要です。

## 悲しみは正常で自然な反応

私たちは、まず悲しみの定義を示しました。さらにもう一つ、みなさんが子どもを援助するために必要な定義を確認します。

悲しみは、喪失に対する正常で自然な反応である。
悲しみそのものは、病理的な状態でもパーソナリティ障害でもない。

これはとても有効な定義です。このことは、みなさんが子どもを援助するために、何かの資格や学位をとる必要はないということだからです。問題は、悲しみが喪失に対する正常で自然な反応だということが真実だとしても、私たちが悲しみを扱うための情報の多くは、正常でも自然でもないということです。

幼児の日常生活での反応を見ていると、その子の喪失への反応は自然であることがわかると思います。幼児が何かを持っていて、それをあなたが取り上げたら、その子は大きな声で、長い間泣き叫びます。

たくさんの方が、お子さんを初めてベビーシッターや保育園に預けたときのことを思い出すにちがいありません。お子さんは、大声を出してさわぎつづけたはずです。しかし、あなたはそれが、幼児にとっては正常な行動の範囲だとわかっていたと思います。

社会一般に、小さな子どもが喪失に対する反応として、泣いたりさわいだりすることは自然なことであると認められますが、しかし、年齢があがるにつれ、それを許さない傾向が強まるので、成長した子どもたちは、正常な反応を抑制しはじめるのです。

## 子どものころから培《つちか》ってきた考え方を疑う

こんな言葉を聞いたことがありませんか？「危機的状況においては、人は慣れ親しんだ行動に戻る」。

配偶者やごく親しい親戚や友人と、口論をしたときのことを考えてみてください。感情的な言葉が飛びかい、「あんなことは二度と言わないようにしなくては」と反省します。けれど、また口論するとやはり同じことを繰り返してしまいます。つまり、口論したり、議論が白熱したり盛り上がったりしたときには、私たちはもう繰り返さないと誓ったことは守れず、また前にやったことに戻ってしまうのです。

ここにもう一つ役立つ例があります。いかに子ども時代に培った古い考え方を、みなさんが今もって持ち続けているか、そして、それがいかにみなさんに影響し、後にみなさんの子どもたちにも影響したかを見つめられる例です。

親として子どもに何か話して聞かせるとき、自分の父親や母親が言ったのと同じ言葉が、あなたの口から出ていると気づいたことはありませんか？

「食事が終わってから一時間たたないと、泳いではいけません」

子どもの時に親からそう聞いたとしたら、そのまま自分の子どもにも言っていませんか？　それは本当に正しいことだろうか、と自分に問いかけたことがありますか？

みなさんの考え方や使っている言葉は、しばしば二〇〜三〇年も、いえ四〇年も前に聞いたそのままのことが多いのです。それらが子ども時代に聞いたことだと普段は気づいていませんが、危機的状態になると、それが登場するのです。危機的状態では、そうした慣れ親しんだ行動や信念が効果的であるか、役に立つかなど、疑問に思う余裕がないからです。

みなさんが親から聞いたことがすべてまちがいだ、ということではないので誤解しないでください。親が教えたことの多くは、安全で幸せな生活を送るためにとても役立つことです。今言っているのは、そうした考えの中に、子どもたちには役に立たないものがあるかどうかを検証したことがありますか？　と聞いているのです。残念ながら、喪失体験にどうかかわるか、または悲しみにどう対処するかに関しては、みなさんが今までとりいれた情報のほとんどはまちがいだとお伝えしておきましょう。

この本の初めに紹介した女性は、夫の死という危機に直面しました。彼女は、蓄積してきた記憶の中の、時代遅れで、誤った考え方に頼ろうとしました。それは「強くあれ」という考えです。息子はそれをそっくりまねして、母親と同じことをしたのです。

この章のタイトルを思い出してください。「問題はなにか？　それはだれの問題か？」

第一の問題は、子どもが喪失を経験したということです。

第二の問題は、親や保護者であるあなたがかつて学んだ方法を、そのまま子どもに使うことはできないということです。子どもの喪失に対応するには、新しい情報と方法が必要です。そのためにこの本があるのです。そして私たちは、みなさんが子どもを急いで助けたいのを知っています。けれどそのためには、まず、問題の第二の部分に焦点を当てようと思います。

## 問題と解決の間に横たわる神話

私たちはみなさんが蓄積し、その結果子どもたちにも受け継がれてきたものが何であるかをはっきりさせるために、次の章で六つの神話を示します。喪失を扱うのにそれらが効果的かそうでないかを、よく考えていただきたいと思います。効果的でないことがわかったら、もっと効果的と思われる考えに入れ替える準備をしてください。それが、子どもたちを援助する第一歩と考えてください。

このことを忘れないでください。子どもたちの生活を妨げてしまうような情報も、親や教師、その他子どもたちに大きな影響力のあるポジションについている人たちから渡されたものなのだということを。たとえ、世の中に受け入れられていて、役に立っているように見える考えでも、今一度見直してほしいと、私たちはみなさんに申し上げているのです。

みなさん自身も、子ども時代に喪失の扱い方について大人から学んだことがあると気がつきはじめているはずです。喪失についての基本的な情報は、とても早い時期に伝えられてしまうのです。その情報は、正しかろうが誤っていようが、その後、喪失体験をするたびに甦《よみがえ》るという事実があります。

# 第2章

# 神話Ⅰ　泣いてはいけない

「泣いてはいけない」に対する論理的な質問は、「なぜ泣いてはいけないのか」となります。しかし、私たちはその質問に応えることがあまり役に立つとは思いません。それよりも、私たちは、非論理的に「子どもたちの感じ方をそんなふうに扱ってはいけない」ということをしっかり証明しようと思います。

自分の指をハンマーでたたいてしまった、と想像してみましょう。痛みで叫びながら飛び回っているときにだれかが、「痛いなんて感じちゃだめだよ」と言ったら、それはあなたの助けになりますか？「泣いてはいけない」は、これによく似ているのです。「痛みを感ずるな」は、結局「指をたたくような危ないことはするな」ということです。こうした言葉は痛みを減らしてはくれません。わざと自分をたたいたわけではないのに、気分は少しもよくはなりません。

交通事故で、年老いた母親を亡くしたばかりの人がいるとします。友人や親戚の人たちの言葉の中には、「そんなに嘆くことはない、彼女は十分長生きしたのだから」というものがあるかもしれません。あるいはまた、「泣くなよ、彼女はそんなに苦しまずにすんだはずだよ」というのもあると思います。あるいは、「泣かなくていい、彼女はもう苦しまなくてすむ場所に行ったんだから」という人もいるかもしれません。もしかしたら、みなさん自身もだれかに、こんなふうに言ったことがあるかもしれませんね。

私たちが伝えたいのは、「喪失体験をした人を、もっと注意深く見守るべきだ」ということです。おそらくみなさんは、「子どもたちには正直であってほしい」と願っているはずです。もし、「泣いてはいけない」というメッセージを子どもに伝えるならば、それは、喪失に対する自然で感情的な反応に対して不正直であることを勧めているのと同じです。子どもたちにとっては、悲しく、痛みを伴い、否定的な出来事である喪失に対して、「泣く（悲しみや苦痛、否定的な反応）」のは自然なことです。「泣いてはいけない」というメッセージは、彼らが感じていることを感じないようにしなさい、というメッセージであり、彼らが真実との、また自然な姿との間で葛藤することを不注意に勧めていることになります。

私たちの本『The Grief Recovery Handbook』の中にちょうどよい例があります。

五歳の女の子が、幼稚園の庭でほかの子どもたちからいじめられました。彼女は、傷ついて家に帰り、両親と祖母に向かって涙をいっぱい流しながら、その話をしました。それに対して大人たちの反応は、もうみなさんも知っているお決まりのコースです。すなわち、

「そんなに泣かないのよ。ほら、クッキーがあるわ。食べたら気分がよくなるわよ」

これは、「食べることが感情をなだめる」という幻想です。

子どもが正直に感情を表現したのに対し、大人たちは「泣いたりしてはいけない」というメッセージを伝え、その感情を食べ物でマヒさせようとしました。たしかに、小さな心にかかる苦労、悲しみは、食べ物でまぎらわせられるかもしれません。けれど実際には、子どもはクッキーを味わうという異なった感情を感ずるのであって、泣いている原因がよりよい感情に変わったのではない、ということです。

クッキーで気を散らし、食べ物によってエネルギーを作り出しはしますが、彼女が経験した感情的な痛みは受け流されていきます。しばらくしてから、その小さな女の子がふたたび、幼稚園の庭での経験を話します。すると、大人たちは「こぼしてしまったミルクを悔やんで泣くんじゃない（過ぎたことにくよくよ

してもしかたない）」と言います。その子の感情は再び片づけられてしまいました。

## やさしさは危険でもある

子どもを愛する人たちが、子どもが不愉快な思いをすることを望まないのは、やさしさから起こる気持ちではありますが、それは同時に「危険なことである」と、考えをあらためてください。

子どもは、たとえ他の人たちが認めようが認めまいが、自分が感じたことを感じようとするものです。もし、子どもの周りの人たちが、悲しみ、痛みなど、それらの否定的な感情が子どもにとって正常であり、役に立つものだと理解しなければ、子どもは感情をおさえ、隠します。その子は何事もなかったかのように行動します。なぜなら、大人たちはそういった行動をほめるからです。「勇気があるね」、あるいは「強い子だね」と。こうした言い方は、子どもたちに喪失後の悲しみの感情を隠させ、心の深くに埋めこませてしまいます。残念なことに、これらは子どもたちがよく聞く言葉なのです。

## 悲しみなしでは、喜びは存在しない

泣きたくなったり、不愉快な思いをすることにも意味や力があるのです。もしみなさんが部分ではなく人間の存在全体がどうつくられているのかを考えるなら、「幸福や喜びを感ずる能力を持つために、悲しみや痛みも経験する」というふうにとらえることができるでしょう。

悲しみや痛み、あるいは否定的な感情を迂回《うかい》しようとする試みは悲惨な結果を招くことになる。

「泣いてはいけない」という単純な言葉の悲劇的な副産物の一つは、「感じてはいけない」につながるということです。これはもっと悪い結果を招きます。私たちは、「感じてはいけない」というメッセージを受けとりつづけて、自分の感情を感ずることができなくなった、多くの悲劇的な人たちの援助をしているのです。

## 大げさではありません

「感じてはいけない」（あるいは、「泣いてはいけない」）という言葉は、子どもたちに「きみが感じていることはまちがっているよ」、と言っているのと同じことなのです。

次に、みなさんの多くが身に覚えのある言葉のリストをあげます。

☆ペットの死に関連して

泣くのはおやめ、土曜日に、新しい犬を買ってあげるから。

そんなに泣かなくていいよ、ペットなんだから（たかが犬、あるいは猫なんだから）。

☆死に関連して

泣くのはおやめ。おばあちゃんは天国（ここよりもっといい場所）に行ったんだから。

泣かなくていい。おじいちゃんはもう苦しまなくてすむんだから。

泣いてはいけないよ、すべては、神さまの意志なのだから。

泣くことはない、おじいちゃんは十分長く生きたのだから。

☆離婚や失恋に関連して

泣くなよ、ほかにもいい人はたくさんいる、出会いもあるよ。

泣かなくていいよ、彼（彼女）はあなたには合わなかったんだ。

泣くほどのことじゃない、ほんとうの恋はこれからだよ（とくにティーンエイジャーに対して）。

☆両親の離婚に関連して

泣くなよ、きみのせいじゃないんだから。

泣かなくていい、お母さんもお父さんも今までと同じにきみといっしょにいる時間をとるはずだ。

泣かないで、お母さんもお父さんも今でもきみを愛しているんだよ。

泣かないで、きみはお父さんの家でもお母さんの家でも誕生日を祝ってもらえるよ。

☆学校での成績が悪かったことに関連して

泣くな、次はきっといい点がとれるはずだ。

泣かなくていい、ベストを尽くしたんだから。


これらはすべて、「泣いてはいけない」というメッセージから始まります。これは決して誇張ではありません。最近の研究によると、年齢一五歳の子どもは、自分の悲しみの感情に関して言われた言葉で、しかも受け入れがたいと感じた二万三〇〇〇以上がこの種のものでした。

ちょっと、この概念を逆さにしてみましょう。「いい気分になるな」というのは、めったに聞かない言葉ではないでしょうか。

すべてA（一番よい）の通信簿を家に持ち帰ったとき、親がこう言うでしょうか？

「いい気になるな、次はきっと成績がさがるから」

友だちに、「すべてはうまくいっているんだ」と報告したら、

「いい気分でいられるのも今のうち、そのうち悪くなるさ」と言うでしょうか？

結婚相手を見つけて、親戚に報告したら、

「それはおめでたいことだけど、離婚率は五〇％だってことを忘れないようにね」

なんて言うでしょうか？　言いませんね。

私たちは、肯定的で、幸せで、喜びにあふれた感情を持つことを認められています。肯定的な感情は、周囲の人たちによって支持されます。まれに幸せを正当化したり、言い訳をしたり、養護したりしなくてはならないことはありますけれど。

一方で、悲しみや痛み、あるいは否定的な感情は、ほとんど無条件で認められません。否定されたり、無視されたり、やりすごされたりします。どうして、そういった否定的な感情を感じてはいけないのでしょうか？　私たちの身に、何か悪いことが起きたときに、なぜ泣いてはいけないのでしょうか。悲しいことが起きたときに、なぜ悲しむことを否定されるのでしょうか。

楽しいことが起きたときにいい気分になるのは、なぜいいことなのでしょう。

痛みを伴うことが起きたときに、悲しみを感ずるのはなぜよくないことなのでしょう。

いいことが起きたときに幸せだと感ずるのは、正常で自然なことです。そしてまた、否定的な出来事に対する悲しみの感情も、同じように正常で自然なものです。どのような人間の感情であれ、適切なものではない、と片づけてしまうのは正常でも自然でもありません。私たちの社会で、感情をどう扱ったらいいのか、どう感じることが正常なのかで混乱するもっとも大きな原因は、悲しい感情、感情的な痛み、あるいは、否定的な感情をそのまま認めようとしない、明らかに誤った考え方があるためです。

子どもたちは幼児のとき、幸せ、悲しみなど、あらゆる感情を声をかぎりに表現します。けれどある時点から、私たちは子どもたちの悲しみやその感情の表現を、いいことではないと教えはじめるのです。子どもたちには、そうしたメッセージがたった一つの選択肢になってしまうのです。

幸せな感情はよいもの。表現すればほめられる。

VS

悲しみの感情は悪いもの。表現すればしかられる。

幼いころから、子どもたちはどのような行動が賞賛され、どのような行動は大人をがっかりさせるかを学び、身につけます。だからこそ、みなさん大人は、痛みや悲しみを理解したり扱ったりする能力を正しく身につけなければなりません。

若かったころ、みなさんが親を見ていたように、今子どもたちがみなさんを見ています。

先ほど、何か肯定的なことが起きたとき、「いい気分になるな」と言われることは、なんとバカげたことかを述べました。でも、もっとバカげていることは、痛みを伴う出来事が起きたとき、愛する子どもにむかって、「気分が悪いなんて言うのはやめなさい」ということです。

そうすることは、その子どもの本質との葛藤、真実との矛盾・葛藤、および最後には、その子を慰めようとしていた人との葛藤へと追いやります。子どもたちは、否定的な感情を避けたり迂回するほうがいい結果を招くことができる、という大人の誤った考え方の犠牲、被害者となります。

悲しみの感情のまちがった扱い方が及ぼす不幸な結果の一つは、私たちのセミナーに参加した「泣くことができない」という、悲劇的な苦痛を持った多くの人たちによって証明されています。彼らは、何度も繰り返された「泣いてはいけない」というメッセージによって、そうなってしまったのです。

育児の中でも同じような考えが暗黙の了解となっています。それは、子どもたちをなだめようとする考え方です。赤ちゃんがまだ話せない場合、なにかの原因で泣きだしたとき、親たちは子どもの気分をよくする一般的な解決法にたよります。抱っこして、ゆらし、「泣かないで」とやさしくささやきます。こうした行為には、なんのまちがいもありません。次第に、私たちは子どもの苦痛の叫びが理解できるようになります。空腹なのか、疲れているのか、おむつを換えなければならないのか。そして子どもの特定な問題に対しての対応ができるようになります。

しかし、次第に子どものニーズに精通し、対応に慣れてくるにもかかわらず、子どもが気分が悪いときに、どのように対応していいのかがわからないことがしばしば起こります。解決策、対応策が浮かびませんが、子どもの気分が悪いのは、親としてほうっておけません。親にとって、気分の悪い子どもをほうっておくこと、対応策が見つからないこと、理由がわからないのはたまらないことなのです。

次の質問を自分にしてみてください。

「気分が落ちこんだり、憂鬱《ゆううつ》になったり、悲しい気分になったりすることはありますか？　もし、そういう気分になったとき、そうなった正確な理由を知っていますか？　もし、悲しくなって、その理由がわからなかったら、それはそれでかまいませんか？」

友だちに「今、悲しい気分なんだ、でも特別の理由はないんだ」と言ってみてください。友だちはこう答えるのではないでしょうか。

「理由がないなら悲しむことはないだろう。きみは健康なんだし、やろうと思えばなんでもできる。すばらしい今日という日に感謝するべきだよ」

友だちは、あなたをはげまそうと善意で言っているのでしょう。でも、あなたが感じている悲しみは、あなたの健康な体とはなんの関係もありません。恐ろしくまちがった考え方が、ずっと私たちを巻きこんできたのです。その一つが「気分がよくないのは悪いことだ」という考えです。

人間の本質に、「感情がある瞬間からある瞬間へと常に変化する」ということがあります。幼児を注意深く観察していたとしても、幸せから悲しみの感情へと移行するとき、はっきりと目に見える外部からの刺激が見つからない場合もあるということです。大人が疑問に思っても、幼児は自分の感情に疑問を持ったりすることはありません。私たち大人が気分を悪くするな、と言ったり示したりしはじめるまでは。

## 感情はだれかの責任なのか？

この本を読んでいる多くの方が、社会に感染症のように広がっている被害者の心的状態を知っているはずです。私たちがグリーフケアのトレーニングとワークショップでわかったのは、「そんなことはするな。お父さんを怒らせるから」とか、「あなたがそうしたことを、お母さんは誇らしく思うわ」という親の言葉を、多くの人がごく普通に聞いて育ったということです。こういった言い方こそが、あなたを被害者の心的状態にさせたのです。なぜ「被害者」なのかといえば、「私たちの感情の造物主は私たち自身である」はずの事実が、「他人が私たちの感情の主たる造物主である」という現実に置き換えられてしまったということです。

子どもたちは、大人が考えるよりずっと賢く、大人が自分に何を感じてほしいかに気づきます。つまり、他人の言葉や行動が子どもたちの感情を動かし、感じさせてしまうのです。

私たちの友人のお子さんに実際に起きた話を紹介しましょう。

彼女の息子は四歳です。月曜日、幼稚園のクラスで、二人の先生がお休みでした。子どもたちは、なぜ先生が休んだのかをたずねました。すると、ほかの先生がこう答えました。

「みんなが先週の金曜日、あまりいい子でなかったから、先生は病気でお休みしているの。みんなが先生の言うことをちゃんと聞かなかったから、先生は病気になってしまったのよ」

何と信じられないほど子どもたちに重荷を背負わせる言葉なのでしょう！　子どもたちが先生を病気にさせてしまうなんて、なんと不合理でばかばかしい幻想なのでしょう！

次の日の朝、彼女の息子は、「ママ、ぼく、今日幼稚園行きたくない」と、今まで言ったことのないことを言いだしました。話を聞いてみると、この子は、先生が言ったことを真に受けて、自分が先生を病気にしてしまったと信じていたのです。

この出来事は、子どもたちにどういう考え方を身につけさせてしまったのでしょうか。それは、「人の感情に関して自分に責任がある」という考えです。大人は、同意できない考え方は捨て去ることができますが、子どもたちは、教師や親のいうことを聖書の言葉（絶対的な真理）のように聞いてしまいます。そのことを私たち大人は、よくよく心にとめなくてはなりません。

もう一つ大きな問題があります。それは、感情に対する責任を問う時に、誤った悪いタイミングがあるということです。子どもたちは、その瞬間瞬間を生きていて、過去と未来に関しての概念を理解するのがむずかしいものです。この場合、先週の金曜日の子どもたちの行動を、月曜日に叱っています。つまり教師は、子どもたちの行動を直接指導する機会を失したにもかかわらず、月曜日になって、ほかの教師がすでに起こってしまった過去のことに対して、子どもたちを非難しているのです。

このような「きみは私を怒らせたよ」という過去型の言い方は正される必要があります。この言い方は、「他人がどう感ずるかに関してあなたに責任がある」という意味になりますので。

このように言うのが正確です。「私は怒っています」。この言い方であれば、言われた人は他人の感じ方に責任をとるのではなく、自分の言葉や行動に責任を持つことになります。

このことは、子どもたちにとても大きな影響があります。みなさんが言葉をかえることで、子どもたちもまた言葉をかえるでしょう。それは感情を正しく扱う道につながります。

# 第3章

## 神話Ⅱ　悲しみを置き換える

最初に、ジョンと犬のペギーのお話をしましょう。

ジョンが生まれたとき、家にはすでに犬がいました。メスで、名前はペギーというブルドッグでした。ペギーは、およそ六歳でした。ペギーはすぐジョンになつき、いっしょに部屋で寝るようになりました。そして、めったにジョンから離れることはありませんでした。ジョンがはいはいするようになり、耳をひっぱったり、顔をつかまれたりしても、ペギーはじっとしていました。

ジョンがさらに成長すると、ジョンとペギーは本当の仲よしになりました。ジョンとペギーは、どこに行くのもいっしょでした。物を投げてとってくる遊びを教えたのは、ジョンでなくペギーでした。ジョンが棒を投げると、年とったブルドックのペギーは棒を追いかけて走り、ジョンに持ってくるのでした。

ジョンが六歳になったある朝、ペギーは、台所のバスケットの中で寝ていました。ジョンは台所にきて、口笛を吹きました。しかし、ペギーは起きあがりませんでした。ジョンはもう一度口笛を吹きました。しかし、ペギーは動きません。ジョンは、何かとても悪いことが起きたような気がして、急いでバスケットに走りよりました。ペギーにさわってみると、すでに冷たくなっていました。ジョンは、血も凍るようなぞっとする叫び声をあげました。

母親がその声を聞いて走ってきました。ジョンは、目に涙を浮かべ、ペギーのバスケットにうずくまっていました。母親は、悲しむ息子を見て、こうなぐさめました。

「木の葉はいつか茶色になり、地上に落ちるでしょう？　夏はいつか秋になるものなのよ」

ジョンはとまどいながら母親の顔を見上げました。ジョンには、学校の授業で学んだ「植物の変化」と、ペギーに起きたことが結びつきませんでした。ジョンの混乱した状態を見て、母親は「パパがおうちに帰ってくるまで待ちましょう。パパならどうしたらいいかを知っているにちがいないわ」と言いました。

夜、父親が帰宅して、ジョンの親友であり仲間が死んだという危機的な時に、こう言いました。

「もう泣くな、……土曜日に新しい犬を買ってやろう」

神話Ⅰでは「泣いてはいけない」という言葉に関して説明しましたね。ここでもう一度私たちは、子どもを愛している親が、善意から子どもに「感ずるな」と命じることをとりあげたいと思います。

この子は、親の期待に沿って自分が感じた悲しみを感じないふりをしようとするでしょう。そして、土曜日には新しい犬がやってくるのです。私たちはこれを「喪失の置き換え（代わりのもので補う）」と呼んでいます。

ジョンは、犬を亡くした悲しみや嘆きを語る場をあたえられませんでした。父親は、ジョンの人生のモデルとなる人ですが、次のメッセージを渡しました。「泣いてはいけない」。ですから、ジョンは全力で悲しまないように努めました。でも、ジョンは悲しかったのです。泣きたかったのです。

土曜日、両親は新しい犬をジョンに与えました。問題は、ジョンがペギーの死によって打ちのめされ、喪失にともなう感情があふれていたにもかかわらず、両親によって全く助けられなかったことです。なぜかわからないまま、ジョンは新しい犬に親しみを持てず、結局、その犬を弟にやってしまいました。

ジョンは、喪失の扱い方に関して、「悲しむな」、「失ったものに代わるものを手に入れなさい」という二つの大きな誤った考え方を背負わされてしまいました。なんとも悲劇的なことに、多くの子どもたちにとって、これはとても一般的な、共通の経験なのです。このような考え方は、その後の人生における様々な問題の不幸な習慣となるモデルを作りだしてしまいます。

子どもにとって非常に情緒的な、重要な問題が生じたときに、親によってこうした誤った考え方を植えつけられると、どのような影響が長期にわたってでるかを考えてみてください。この子の場合には親友のような犬を失ったのですが、その喪失の痛みを何かに置き換えることで軽減できる、という考え方によって、心の中にとてつもなく大きい葛藤を生じさせました。まず第一に、子どもと犬との親密で大切な関係性が簡単に片づけられてしまった、ということです。二つ目には、とても価値のある関係であっても、いとも簡単に片づけられてしまうのだ、という考え方が根付いたことです。第三に、子どもと新しい犬は、同じように親密で大切な関係をいとも簡単につくりあげるだろう、という代替可能な考え方です。

## すべての関係には独自性がある

人と人との関係も、人と動物との関係も、そして人と物との関係でも、関係性はそれぞれが独自なものです。二人の人がだれかと、あるいは何かと全く同じ関係を持つということはありません。似たような関係はあるかもしれませんが、しかし決して同じものではありません。私たちは、どの関係においても個人的な特性を持ちこむものです。あなたにもし複数のお子さんがいたなら、この意味がよくおわかりになるはずです。お子さん一人ひとりが異なっていて独自性があるので、親と子どもの関係はそれぞれちがったものになっているはずです。

動物もそれぞれ異なった性格を持っています。もし同じ親から生まれた子犬や子猫を飼ってみれば、どの子が大胆で、どの子が恥ずかしがり屋か、どの子がもっとかまってほしくて、どの子が一人でいたがる子か、すぐさま気づくと思います。そうした動物の独自性と人の子の独自性を結びつけて考えてみれば、それぞれの関係性を他のものと置き換えることがどれほどむずかしいかがわかるはずです。

喪失を、何か他のものと置き換えるという考え方は、関係性を置き換えるということになるので、それが無理であるということは明白です。

私たちは、新しい動物との関係性を築くのとは別に、死んだ動物との情緒的なつながり、関係性からくる喪失を癒さなくてはならないのです。動物がどこかに行ってしまったり、だれかにもらわれたりした時も同じです。過去の関係性、つながりがきちんと終結しないまま新しい関係性に入ることは、ほとんど不可能か困難なことなのです。

子どもたちは、新しくやってきた動物と、過去の動物と同じような関係を作ろうとするものです。なぜなら、過去に飼っていた動物を失った後、その動物がいなくなってしまった悲しみをどうしたらいいのかを教えてもらえないからです。でも、新しい動物との関係は同じようにはつくれません。なぜならその新しい動物は、その動物として存在しているからです。動物も人間も、それぞれ個別の性格、人格を持っているので、新しい動物をいなくなった動物と同じような存在として扱おうとすると、新しい動物の、個性、独自性、自然な在り方に対して葛藤を引き起こさせます。

悲しいことに、こうしたことはしばしば起きます。ペットが死んだ数日後に、善意の友人や家族が新しい子犬や子猫を連れてくる、というのはとても一般的なことです。こうした贈り物は、動物を亡くした人の了解も同意も、また悲しみのプロセスをも無視しているのです。受け取った人が怒りを感じ、贈った人が困惑する、というように人間関係も悪くなった例は数多くあります。こうしたことが起こるのは、「気分が落ちこんだ時、悲しい時には、代わりになるものを手に入れれば、気分はよくなるものだ」という神話を信じこんでいるからです。

一つ目の神話と二つ目の神話について、もう少し考えてみましょう。「泣いてはいけない（悲しむのはよくないこと）」と、「悲しみを置き換える（喪失したら代わりのものを手に入れる）」という考え方は、ほぼいっしょにくっついています。私たちは、子どもに悲しみやつらさ、あるいは否定的な感情はよくないもの、と信ずることを教えているので、自動的に悲しみに代わる異なった感情や関係性を探すようにし向けているのです。ですから、多くの親たちが、ペットを亡くした子どもたちが悲しむと、あわててかわりのものを探そうとするのです。

では、ほんとうに必要なことはなんなのでしょうか？　それは、子どもの話をちゃんと聞いてやることです。子どもの感情を受け止めてやることです。喪失に伴う感情は自然なものであり、正常なものなのですから、子どもの感情を肯定し、認めることが大切なのです。

心が傷ついたときに、子どもが悲しむことは必要なことです。代わりになるものをあたえることで、子どもたちの悲しみの感情は癒されません。

## 子どもが大切な物を喪失した時

物を失うことは、子どもの初期の喪失体験としてめずらしいことではありません。

先ほどのジョンの別の話です。

ジョンが八歳のころ、だれかが彼の新しい自転車を盗みました。ジョンは、物をなくした子が感じる自然な感情を持ちました。悲しみ、がっかりし、なくしたものへの願望をもちました。けれど親は、「そんなに悲しんではいけない。土曜日に新しい自転車を買ってあげるから」と言いました。この中には、「自分の持ち物には、もっと責任を持ちなさい」というニュアンス（小言）が含まれていました（多くの読者のみなさんも覚えがあるはずです）。

このように、ジョンはどんな喪失を体験しても、「悲しむな、代わりのものをあげるから」という繰り返しの中で育ち、喪失体験に伴う感情をどう扱ったらよいかは学べませんでした。ジョンは、犬が死んだ時も、自転車が盗まれたときも、とても悲しかったのですが、両親のアドバイスを正しいものとして受け入れたのです。結局、彼はどこで自分の感情の扱い方を学べばいいのでしょうか?

## おもちゃや人形～なくしてしまっても忘れられない

みなさんの多くが、お子さんのおもちゃを捨ててしまって、お子さんのびっくりするほど大きな感情的な反応に気まずい思いをした経験があると思います。捨ててしまった物を取りもどすのは不可能だったにちがいありません。子どもの感情が高まり、さらにエスカレートするなかで、「そんなになげくことはないでしょ」とおさめようとして、状況をさらに悪いものにしてしまったのではないでしょうか。

子どもに対して、その子が感じている感情を「感ずるべきでない」ということほど、その子の助けにならないことはないのです。そう言うことは、実際に感じているその子の感情は「まちがっている」と言っているのと同じなのです。

そして、その子が感じている感情を別の方向に持っていこうとするのでなく、その子の感情を分かちあおうとすることのほうが、はるかに意味があることです。

「お人形がなくなってしまって、ショックだったのね。あのお人形、とっても大好きだったのよね。そうなのね？　捨ててしまって、本当にごめんなさいね」

あなたは、子どもが人形を押入にずっとしまいっぱなしにしていたので、もう必要ないと思って捨ててしまったのでしょう。多くの親たちは、物事を現実的に知的に考えて処理するというまちがいをおかします。ですから、子どもの感情を認めて、「あのお人形がとても大好きだったのね」と言う代わりに、「ずっとしまったままで、あの人形で遊んでなかったじゃない！」などと、言ってしまうのです。

正しいとか誤っているとかいうのは知的なレベルの話で、こうしたことに関連した感情は、知的なものではなく情緒的なものなのです。

出来事の事実を追及する前に、子どもの話をよく聞き、感情を認めることが必要です。

もし子どもが何度も何度も同じことを言う時には、そういうことはよくあることですが、子どもは自分の感情をあなたに聞いてもらっていない、ということなのです。

## さようならを言う～レスリーのやり方から学びましょう

レスリーは、娘のレイチェルが大切にしていた人と物と、幼いころどうやって別れたかについて、とてもよい例を話してくれました。

「娘のレイチェルは、一歳から二歳のころ、哺乳瓶が大好きでした。レイチェルは、いつも面倒を見てもらっていたババ（baba・ヒンズー教の宗教的指導者）から、哺乳瓶でミルクをもらっていました。レイチェルにとって、ババといっしょにいる時間は安心で、心が満たされていました。ババと哺乳瓶は、レイチェルにとっては切っても切り離せないもので、どちらも大切なものでした。

けれど、レイチェルが三歳になるころ、そろそろババにさようならを言う時期がきました。レイチェルは成長したからです。親しくてなじみのある人と離れるのは、幼い子にとってとても大きな変化です。

私は、ある日突然ババと別れることで、レイチェルに情緒的な葛藤を体験させるつもりはありませんでした。それに、弟のジャスティンはまだ哺乳瓶を使っていましたから、何の準備もなくレイチェルから哺乳瓶をとりあげたら、私はひどいことをした母親になってしまうでしょう。

私は、まず、『レイチェルは大きくなったので、ババと離れる時期がきたのよ』と知らせました。そして私たちは、ババにさよならを言うのにどのくらいの時間が必要かを話し合い、カレンダーを作りました。

レイチェルはシールを貼るのが好きだったので、お別れの日までカレンダーにシールを貼っていくことにしました。それから、茶色の大きな袋を用意して、レイチェルにクレヨンで好きな色を塗らせて、『さようならバババッグ』という名前をつけました。私たちは、ババのことを話し、どんなふうにさようならを言ったらよいかも話し合いました。

一方、哺乳瓶は朝、昼、夜使っていたのですが、朝と昼をやめて、夜だけにしました。弟のジャスティンには、別のババがいて、哺乳瓶も使っていましたから、私たちは、姉と弟とはなにがいっしょでなにがちがうのかを、絵本を読んで確認しあいました。それはとても役に立ちました。

私たちは、いらないものを片づけるために、一日を費やしました。レイチェルは、哺乳瓶を自慢げに『さようならバババッグ』に入れると、ごみ箱へ運びました。そして窓越しに、ごみの収集車がそれを運んでいくのを見ました。私たちはトラックが走り去るときに、いっしょに『さようなら』を言いました。

いよいよババにさようならを言う日がきました。私は少し心配でしたが、レイチェルはババにさようならを言った後、外へ遊びにいきました。けれど夜になると、『ババはどこにいるの？』と尋ねました。『もうさようならをしたわよね』と言うと、彼女は別れを思いだして泣きはじめました。私は『ババがいなくなってさびしいのね？』と聞きました。『そう』とレイチェルはうなずきました。そして片手で私の腕に抱きつき、もう一方の手でサテンの枕を抱きしめました。

およそ一週間、毎晩、レイチェルはババの話をし、私は、ババにさようならをしたことを思い出させました。しばらくして、彼女はさようならを言ったことを思いださなくてもすむようになりました。

ババとの別れは、レイチェルの生活に大きな活力を与えました。生活を大きく前進させたのです。レイチェルも弟のジャスティンも、私たちみんなが別れから多くのことを学びました。

子どもが情緒的に密着する人や物は、幸せな生活には付きものです。それとちゃんと別れることは、子どもをぐんと成長させます。このことは、数年後に二人が飼っていた犬を、他の家族に託さなければならないときにもとても役立ちました。ババにさようならを言うための感情的な確認と肯定のレッスンは、犬にさようならを言わなければならないという、とてもむずかしい仕事を成しとげさせました。」

## 代わりのものに置き換える（全米の離婚率はまもなく五〇％に！）

喪失を代わりのもので置き換えると、後になってどういうことになるかを見てみましょう。

ここでは、一〇代の若者の恋愛体験について考えます。子どもたちは一〇代になるころから、恋愛体験をし、将来結婚へと導かれていきます（私たちは、子どもが早すぎない適当な時期に結婚してほしいと望んでいます）。恋愛するということは、失恋や別れを体験するということでもあります。それは大きな喪失です。そのときに、子どもたちはまたまちがった知識に出会うことになります。

トミーの話をしましょう。

トミーはメアリーと恋人になりました。恋する毎日は、まるで鳥は歌い、太陽は輝き、素敵な音楽が奏でられているように感じられました。けれどある日、メアリーは去っていきました。

トミーは、困惑し、心は荒れ、世の中すべてがおかしくなった、という様子で家に帰りました。

両親は心配して「どうしたんだ」と尋ねました。彼は「メアリーと別れたんだ」と告白しました。

両親は、多くの子どもたちが聞く言葉を彼に投げかけました。

「そんなになげくなよ。恋愛のチャンスはこれからいくらでもあるんだから」

「そんなに悲しまないで。女の子はたくさんいるし、出会いはすぐにまたあるはずよ」

こうした言い方は、前出の「悲しむな、土曜日に別の犬を買ってあげるから」と同じです。大切に思う人との関係が終わって傷ついている子どもの役に立つと思いますか？　あるいはこうした言い方が、喪失で悲しむ子どもに、新たなものに向かっていこうとする気持ちを起こさせると思いますか？

喪失感にちゃんと向き合わないで次のものに向かうと、たとえ次のものを得たとしても、喪失感は持ち越されるのです。喪失は、「未完の悲しみ」（完了へ導かれないで滞った状態の感情）として積み重なっていきます。その「未完の悲しみ」は、いつしか地雷となってその人の心に埋まるのです。そして、将来結婚し、その結婚相手が不用意にその地雷を踏んだ時、大きな爆発が起こります。

全米で、結婚して最初の一年での離婚率は五五％、時間がかなりたってからの離婚率もうなぎ上りでほぼ五〇％になっていることは、このことと無関係ではないでしょう。喪失をそのままにして人生を過ごした人たちは、心の中に地雷を抱えていて、離婚する危険性も大きいのです。そして、結婚相手の代替可能という考えも根付いているのでしょう。

私たちは、二つの神話「泣いてはいけない（悲しむな）」と「代わりのものを手にしなさい（悲しみを置き換える）」を丁寧に検討してきましたが、そうした考え方が社会全体に与える大きな影響も見落とせません。

悲しむことは、喪失体験に対するノーマルな反応です。
悲しい時に悲しみましょう。それはいいことなのだと考えましょう。

# 第4章

## 神話Ⅲ　一人で悲しみに浸れ

　ここでまたジョンに登場してもらいます。

　ジョンは、近くに住んでいる祖父に、釣りや野球を教えてもらって、よくいっしょに出かけました。父親は仕事で遠くにいることが多かったので、祖父はジョンにとってとても大切な存在でした。

　ある日、ジョンは学校で知らせを受けました。

「きみのおじいさんが亡くなったそうだよ」

　ジョンはその瞬間のことを覚えているそうです。「泣くな、土曜日には新しい犬を買ってやるから」という父親の言葉が甦りました。けれど、新しい祖父がくるはずはありません。ジョンはそのことを実感して、涙を流しました。

　教師は思いやりはあったのですが、生徒の喪失体験にどう対応したらいいかわからなかったので、こう言いました。

「ジョン、きみは事務室に行ったほうがいい。一人になれるから」

　そこでジョンは事務室に行って、長い時間、一人で座っていたのです。ジョンは、とても大切な人が亡くなったというのに、あたかも罰せられたかのように一人で座っていたのです。

　ようやく家族の友人が学校に迎えにやってきて、彼を連れて家に帰りました。急いで居間にいくと、母親は隅に座って泣いていました。亡くなったのは、母親の父だったのです。ジョンは慰めあうために、まっすぐ母親のところに行きました。けれど、叔父の一人が呼びとめました。

「ジョン、お母さんをそっとしておいてやりなさい。少しすれば落ちつくから」

一人で悲しむべきだ、という考えは、大人たちの行動によってジョンの脳裏に住みついてしまいました。ジョンも一人で自分の部屋に行きました。

ジョンは一四歳になるまでに、飼っていた犬が死んでしまったり、自分の大切な自転車が盗まれたり、そしてまた愛する祖父の死という大きな喪失に関して、三つの強力な神話、あるいは誤った考え方を身につけさせられたのです。

Ⅰ　悲しんではいけない。
Ⅱ　喪失の代わりになるものを手にしなさい。
Ⅲ　一人で悲しみに浸りなさい。

もしあなたが、私たちが示したこの三つの神話のどれであっても身に覚えがあったら、自分の子どもたちにもそのまま受け継がせてしまう危険があるのです。

## 多世代にわたる神話の連鎖

多世代間の連鎖は、とても簡単な考え方により起こります。つまり、自分の知っていることをそのまま子どもに教えるということです。ジョンは、親や教師、親戚の人などによってこういう考えをインプットされました。親しい大人は子どもに大きな影響力を持ち、そして多くが、こうした考え方に根拠があるのか、真実なのか、子どもの助けになるのかどうかを考えたり確かめたりしていないのです。

話を前に進める前に、大人の言葉や非言語の行動が、どれほど子どもに大きな影響を与えるかを理解していただきたいと思います。前にも述べましたが、私たち大人が子どもに示すさまざまなシグナルや情報は、絶対的に正しいものとして子どもに受け止められます。なぜなら、子どもには比べることのできる情報やシグナルがほとんどほかから与えられていないからです。

そして私たちは、子どもの頃から膨大な量の情報を吸収し、それらを信じこみます。なぜそのように信じたのか、信ずるようになったのかを正確に覚えていることはあまりありません。一般的には、二歳から五歳くらいの間に意識的な記憶が始まると言われています。

生後三か月の赤ちゃんは、喪失体験をした母親が、なぜ何事もなかったかのようにふるまっているのか、なぜ「強くあれ」と心に決めているかについて、知ることも尋ねることもないでしょう。しかしながら、母親の感情と行動によって影響を受けることはありえます。記憶に関する専門家はこう語っています。

「三か月の子は、意識的な記憶や出来事の記憶は持たないだろう。しかし、少なくとも二つの大きなことが起きているにちがいない。一つは、母親の感情から受けた感覚とその反応、二つ目は、それらの感情に関する記憶を蓄積するということだ。けれど蓄積した感情が何を意味するのか、なぜそう感じたのかについては解き明かそうとすることはないだろう」

子どもは、幼児の時から、自分の生活に重要な役割をもっている大人たちの行動と感情の影響をとても強く受けるものです。年を取るにつれて、私たちは親や教師、宗教、社会全体から教えられた信念体系と価値観に対して、しばしば疑問に思うこともあります。けれど、その種の疑問は大概、信念体系の強固さゆえに「そうした考え方はいいものだ」と片づけられてしまいます。

そして、多くの人たちは疑問さえ持たないものです。

生きていくうえで喪失は避けられません。避けなければならないのは、一つの世代から次の世代へとまちがった情報をそのまま、何の疑問も持たないまま伝えてしまうことです。

## 一人で悲しみに浸ることの意味

ここで、幼児にとって、一人で悲しみに浸ることの意味について考えてみましょう。

幼児が、いかなることであれ悲嘆にくれるとき、ごく初期には、助けを求めて泣きさけぶはずです。何らかの助けを必要としているからこそ、声をかぎりに伝えようとします。子どもを愛する親は、子どもを抱き上げ、なだめるでしょう。それは、幼児が一人きりでないことを伝えようとするものです。

同じ子どもが五歳か六歳になると、親の態度が変わります。「泣くなら自分の部屋に行きなさい」とたしなめます。別の言葉でいえば、「一人で泣きなさい」ということです。あるいはもっと強い言い方で、「泣くのをやめなさい」、「そんなことで泣くことはないでしょう」などと。

子どもたちが喪失体験をし、正常で自然な反応をしたときに、それを押し止めたら、子どもたちに誤った感覚を作り上げていくことになるのを、あなたはもうおわかりになったと思います。

私たちは、子どもたちが必要としている癒しを得るには、大声で泣く幼児期の状態にもどらなければならないと言っているのではありません。感情すべてを表現できることが、子どもにとってはよいことであると言っているです。子どもたちは成長するにつれて、自然に人とのコミュニケーションのとり方が変わってきます。親には、その変化を理解し、導く責任があります。もしあなたが親として、あるいは保護者として、「悲しんではいけない」「一人で悲しめ」という考えを一度も疑問に思ったことがないとしたら、子どもを導くことは困難であるにちがいありません。

でもみなさんがこの本を読んでいるということは、子どもを助けたいという気持ちがある証です。この本を読むことで、まちがった考え方を子どもたちに伝えてしまったことに気づいたとしても、ご自分を責めないでください。遅すぎることはないのです。今後のあなたのチャレンジが、子どもたちへの助けになります。

この章では、「一人で悲しむべきだ」という神話について考えてきましたが、それを学んだみなさんに、話し合うということを実践していただきたいと思います。喪失に関して、いままで配偶者と話し合うことがなかったとしたら、今からでも話し合ってみてください。もし、配偶者がすでに亡くなっておいでなら、あなたがこの本を読む理由の一つはそこにあるのかもしれませんが、ほかの家族や友人と、喪失の問題について話し合うことを、強くお勧めします。もしあなたが「一人で悲しむべきだ」という神話をもち続けるなら、あなたもお子さんも苦しみ続けると思います。

この本の最初に登場した、父親を亡くした九歳の男の子の話を思いだしてください。彼は、一人自分の部屋に入り、ドアを閉めました。それは母親の行動をまねたのです。こうした出来事がたった一回きりのもので、長い期間にわたって影響がないのならば、こんなにも繰り返してこの神話の危険性を論じることはしません。喪失体験は人生において一回きりのものではなく、繰り返します。そのたびに神話を与えられていけば、その影響は長期にわたって大きくなっていくのです。

みなさんは、「一人で悲しむべきだ」という考えが、離婚の上昇率と何らかの関連があると思いますか？　もしそう思うとしたら、私たちも同じ考えです。男性であれ女性であれ、感情をどう扱ったらいいか知らない人たちは、喪失体験が起こったとき、一人で部屋にひきこもったり、あるいは車庫に行ったり、あるいは車であちこちドライブしたり、キッチンを夢中で掃除したり、庭を歩きまわったりするのではないでしょうか。こうした行動は悲しみを癒すと思いますか？　一人で悲しむことは、夫婦の間の絆を強くすると思いますか？　反対でしょう。夫婦の関係は遠ざかり、ついには離婚にいたることもあるのではないでしょうか。

そしてまた、こうした夫婦関係は子どもたちにどう影響するでしょう？　どうか子どもには物事を隠せる、と思い違いをしないでください。たとえ子どもが、いったい何が起きているのかを正確に認識できないとしても、子どもたちは、何かがおかしいと感じているのですから。

けれど事実、多くの人は一人で悲しもうとするのです。なぜなら、自分が感じているその悲しみ、感じ方や感情を批判されることを恐れるからです。私たちが述べた最初の神話を思い出してください。「泣いてはいけない（悲しんではいけない）」。

この神話は、私たちが悲しみを感じたり、その悲しみが長く続くことは、何かが私たちに欠如しているからだ、ということを暗に示しているのです。もし、悲しいときに自分の部屋に閉じこもらなければならないとしたら、「人前で悲しむことは安全でない」と信じこまされたのです。

もし、私たちの言っていることは大げさだと思うのでしたら、次の夫婦の例を考えてみてください。

夫が仕事が終わって家に帰ってきました。その日、妻はとても大変な一日を過ごし、何もかもうまくいきませんでした。夫が「どうしたの？」と聞くと、妻は「何でもないわよ！」とどなりました。

あるいは反対の場合もあるでしょう。これは何もジェンダーの問題ではありません。この本を読んでいる多くの人が、このような経験をしていると思います。ここでの問題は、なぜ妻は愛している夫に本当のことを言わないのか、ということです。答えは、もし彼女が自分がどう感じているかを告げたら、夫がこういうのではないかと思っているからです。知的で月並みな決まり文句、「今日はよくなくても、明日という日があるさ」、そして続けて「(だから) 悲しいなんて言うなよ」と。

事実は、彼女にとってその日はとてもひどい日で、今悲しんでいるということです。けれど、夫にそのことを話すと、感情を否定されるのがわかっています。話せば感情を打ち消されてしまうので、彼女は一人で悲しむのです。このことは、二人の間にさらに深い溝を作りだすことになるかもしれません。

第二章のはじめの、幼稚園でいじめられて傷ついた五歳の女の子のことを思い出してください。彼女が自分が感じた感情を親に伝えたために、どうなったか覚えていますか？　話を聞いてもらうかわりにクッキーをもらったのです。この小さな女の子は成長したら、夫に対して「べつに何でもないわよ！」と返事をする女性になるかもしれません。

人はなぜ一人で悲しもうとするのか。それは子ども時代からずっと、悲しみ、痛みなどの否定的な感情は周囲には受け入れられない、あるいは個人に受け入れられない、と教えこまれてきたからなのです。

## 一人でいることも時には必要だが

私たちは、悲しんでいる人は孤独になる傾向があると知っています。それは真実です。しかし、自然ではありません。思い出してください。幼児は、何かで傷つけば泣き叫びます。私たちは、自然に孤独になったわけではなく、伝えられ、社会生活に適応していく中で身につけたのです。私たちは、いっしょに笑うように教えられますが、いっしょに泣くことを教えてもらいませんでした。

だからといって、一日二四時間、週七日、いつでも人に取り囲まれていなければならない、というわけではありません。一人でいることは必ずしも悪いことではありません。考え方や感情を冷静に見つめるためには、周囲の人たちと離れ、ごったがえしている場所から離れる必要があるでしょう。

## いいニュース！　子どもに現れるよりよい結果

ここまで、私たちは三つの神話についてくわしく見てきました。その神話が、いかに長期にわたって子どもたちの将来に否定的なインパクトを与えるかを確認しました。

ここで私たちは、喪失の扱い方を理解している親たちに育てられた子どもたちに、どのような利点が生じるかを見てみたいと思います。

レスリーは、博士論文を書くために調査をしましたが、そこに家族の一員の死を体験した子どもたちの比較が書かれています。一つ目のグループは、親や保護者が深い悲しみからの回復に関してしっかり理解をしている人たちによって育てられている子どもたちです。二つ目のグループは、そうした知識は全くなく、またどうすべきか、という原理原則を持たない大人によって育てられている子どもたちです。

一つ目のグループの大人たちは、自分の信念体系を見つめる目をもっていました。そして、自分たちの信念体系を修正していった結果、子どもたちとのよりよいかかわり方が可能になったのです。具体的に言うと、悲しみや苦痛、あるいは否定的な感情について、子どもたちは語ることができるようになりました。そのことで、子どもたちはほかの感情へと自然に移行していくことができました。

四～八歳で喪失を体験した子どもたちは、喪失体験が自分に問題があることとは認識していませんでした。時間がたつと、子どもたちは親に対して信頼のある結びつきを確立し、感情を表現する自由さを揺るぎないものとして育てました。親や保護者が、喪失のより効果的な扱い方の情報を得て、学んだ肯定的な教育を子どもたちにしたのです。

八～九歳で喪失体験をした子どもたちは、今はティーンエイジャーになりましたが、喪失について語ることも聞くことも、隠したりおびえたりせず、極めて安全に感じています。つけ加えれば、喪失を抱えている友人に対しても、助けになるかかわりをしています。

このことをぜひとも覚えていてほしいと思います。喪失のより効果的な扱い方の情報を得ることができれば、あなたは、もっとすばらしい親であり、教師になれるはずです。

## 熟考し、要約するための休憩

おそらくみなさんは、子どもの時に身につけた喪失に伴う感情のまちがった扱い方が、なんの助けにもならないことを自覚されたでしょう。でも、自分を責めないでください。それを教えた人も責めないようにしてください。

さらにみなさんは、自分自身が、過去にだれかとの関係や出来事においての喪失体験を未解決のままにしていると気づいたのではないでしょうか。

そして、みなさんは子どもたちのために特別な痛みを伴う出来事をどう扱ったらいいのか、もっといい援助をするにはどうしたらいいのかを学びたくてこの本を読んでいるのに、子どもではなく、なぜ自分のことを問題にしなくてはならないのか、と疑問に思っているのではないですか？　みなさんはそのことで少々いらだっておられるかもしれません。

私たちは、みなさんが子どもたちを援助する前に、みなさんの過去のあらゆる喪失の体験を完全に癒さなくてはならないと要求しているわけではありません。ただ、子どもたちを助けるために、まずみなさん自身の考え方や事実だと決めつけていることについて、見直すことをお願いしているのです。いつかみなさんは、みなさんの過去のいくつかの喪失体験を振り返り取り組みなおそうとするかもしれませんが。

ここまでで、ほとんどどこの国にも共通する三つの神話について、くわしく検討しました。

みなさんはそろそろ新しい視野を持ちはじめていることと思います。これから、子どもたちの助けになるさらに三つの神話に焦点を当てます。みなさんは、さらなるもどかしさを感じるかもしれませんが、それは、新しくて中身のあるしっかりとした基礎の確立につながると信じてください。

次の章にも目を見張らせるような事実があるはずです。

# 第5章　神話Ⅳ　強くあれ

私たちは、この本の最初に「息子の父親が亡くなりました。私はどうしたらいいのか、教えてください」という母親からの相談を載せました。この話にもどりましょう。

この相談をした女性は、とてもすてきなお母さんで、息子のためにどうするのが一番いいのかを知りたかったのです。彼女は、「強くあらねばならない」という周囲からの期待に応えて生きてきたので、まず自分の悲しみの感情を押し殺し、自分を落ちつかせようとしていました。

この「強くあらねばならない」という神話はとても強く、さらに二つの神話を導きました。

善意で彼女の友人が、こう言ったのです。「お子さんのためにも、強くならないとね」と。

夫を亡くしたショックで、彼女はしばしぼうっとしていたのですが、こう言われてはっとしました。

それに、こういう状況になる前にも、彼女はすでにこのことに「習うより慣れて」いたのです。

彼女は息子に、夫の死以前から「強くあらねばならない」というメッセージを発信していました。

実際、私たちの多くがそうであるように彼女も気づいてはいなかったのですが、息子を助けるより、むしろ息子を妨げるような習慣を無意識に教えていたのです。

## 子ども時代の喪失をまねく……

息子に対して強くあるべきだと考えていた母親に同調していたのは、息子だけではありません。二人の娘たちもまた、母親の行動と言葉の影響を受けていました。

上の一四歳の娘は、家族の面倒を見る「お世話係」の役割を引き受けました。母親の強くあらねばという行動を見守りながら、弟の行動には口をださず、家族の「救済者」になろうとしたのです。具体的には、彼女は自分を子どもから大人へと無理に変えようとしました。そしてこれは、母親が息子や娘に対して強くなろうとしていたことのコピーと言えます。また、本やテレビ、あるいは映画の誤った情報の蓄積の影響もありました。兄弟姉妹の中で一番年上であったためにこう思い続けたこともあります。

「わたしは大人になって、みんなの面倒をみなくては」

この娘が家族の世話をしようとした努力は、母親が子どもたちに対して強い態度でいることの裏返しでもありました。

深い悲しみを抱えている人たちのなかで、もっとも一般的で、しかも克服するのがむずかしいのが、こうした子どもたちです。みんなの面倒を見ることだけに目を向けてきた子どもは、早く大人にならなければならないという信念の下に、子ども時代を喪失してしまうのです。私たちはこの子の心の痛みを援助することはできても、子ども時代そのものを取りもどしてはやれないのです。

親も、保護者も、教師も、子どもに影響力のある人はすべて、この文章を大きな声で、はっきりと読んでください。次の言葉はぜったいに子どもにかけないこと。

「母親や父親のために君が強くならなければいけない」

「君はたよりにされている」

こうした言葉を使ってはいけないのは、子どもたちを小さなセラピストにさせるからです。子どもは子どもでいるべきです。だれかの死や親の離婚は、子どもを早く大人にさせてしまう危険があります。

私たちは、結婚生活が破綻しかかった家庭で、「強くあれ」という信念に沿って、大人たちの世話に奔《ほん》走《そう》する子どもたちをたくさん見てきたのです。

## 強さの定義を見直す

「私は息子のために強くなければいけない。だから私は、涙が出そうになると、自分の部屋に行くのです」

彼女はそう言いました。「強くなければならない」という考え方は、人をゆがめ、さらには他人の前や、とくに子どもの前では感情を見せるべきではない、ということまで意味するようになります。

多分、「強さ」という言葉をもう一度定義しなおしたほうがいいでしょう。そうすることで、本当の意味での強さとは何かに関する新しい視点を得ることでしょう。

☆真の強さとは……
感情を自然に表現できること
感情的に正確なことを言い、すること
☆真の強さは次の結果を創りだす……

感情を葬るのではなく、感情の伝え方を子どもたちに教える
生きるためのエネルギーを自由に使える

ご覧いただいたように、私たちの強さの定義は、人間であることの定義といっていいものです。人であればだれでもできることで、喪失のショックに打ちのめされたときにも、成しとげることが可能です。感情を適切に表現することは、生きるためのエネルギーを自由に使えるようにすることなのです。

あなたは、「強くあれ」という神話と、真の強さとの違いをしっかりのみこめましたか?

子どもたちは、私たちのすることすべてを見ているので、私たちの信念体系と行動が子どもたちに大きく影響を与えるという自覚をもって先へすすみましょう。

私たちは、次の四つのまちがった観念を確認しました。

Ⅰ　悲しいなんて言うな
Ⅱ　亡くしたものの代わりを手にしなさい
Ⅲ　一人で悲しみなさい
Ⅳ　強くありなさい（自分に対して強く、家族に対して強く）

みなさんは、家族の中にこれらの神話のいくつか、あるいは全部が存在すると気づいていますね。子どもたちのために、私たちはみなさんの信念体系を明らかにする必要があったのです。ですから、それが明らかになったとしても、けっして自分に批判的にならないでくださいと、もう一度申しあげます。

# 第6章　神話Ⅴ　忙しくせよ

さきほどの家族の一番下の五歳の妹の話をしましょう。

友人や家族は、善意で「忙しくしていたほうがいいわ」と、母親にアドバイスしました。母親は、以前よりもはるかに忙しくし、心の痛みをまぎらわせようと、疲れはてるくらいのスケジュールを組みました。そして、まだ五歳の妹が、母親の行動をまねたのです。この子は、特別整理整頓がすきなわけではなかったのですが、またたくまに小さな掃除婦となり、母親と同じように、あわただしく家中を動き回り、掃除と整理整頓につくしたのです。

この「忙しくしなさい」という神話は、数えようもないくらい繰り返される決まり文句です。そしてこのケースでは、五歳の子にも引きつがれたのでした。いったいどれくらいの家族を失った人たちが、「忙しくしなさい」という言葉に従って、疲れはててしまったことでしょう。善意の友人や家族、そして聖職者もセラピストさえ、このアドバイスが有害であるとは考えずに口にしてしまうのです。

死や離婚が原因による深い悲しみは、子どもの生活の端々にまで大きな変化をもたらすはずです。こうした状況において、子どもはひどい痛みを感じ、困難に思い、しかも混乱しているでしょう。今までなじんでいた生活が変化することは、すべて喪失体験となるのです。喪失によって引き起こされた激変で子どもが苦しんでいる間は、さらなる変化を生じさせるのは決していいことではありません。

もしその子が喪失の前はにぎやかで活気のある子だったのに、喪失後、ただただ忙しい子になるのは、別の変化を作りだしていることになります。それは子どもが必要としていないことです。一方で、もし子どもがいつも忙しくすることに慣れているのなら、わざわざそれを暇にさせることはありません。

この五歳の女の子は、父親のプリンセスだったと想像してみてください。彼女は、父親の死によって押しつぶされるような感情を抱いているはずです。しかし小さいなりに、死に関して理解をしたはずです。父親の死は、彼女に信じがたいほどの大きな感情の動きを起こさせたでしょう。それは正常で自然な反応です。けれど、彼女にできたのはそれを表現することではなく、母親を見て同じように忙しく動くことでした。喪失体験によってあふれでるはずの感情はすべて、掃除と整理整頓につぎこまれたのです。

幸いなことに、母親は夫の死後すぐに私たちへ相談しました。こうして、母親は私たちから援助を受けて、子どもたちを助け、導くことができました。三人の子どもたちは今ではとても活発に暮らしています。もちろん父親の死によって環境は変わりましたが。

## 危険な幻想をつくってはいけない

忙しくすることと、それに加えて疲れはてることは、非常に危険な幻想をつくりだします。その幻想とは、何かを成しとげているような気分になることです。これほど真実から遠いものはありません。喪失の痛みをそらすための行動は、そのプロセスにおいて自分の感情を埋めて感じさせなくしてしまいます。

しかし、悲しみの感情はパワフルで、簡単には消えていきません。一日中忙しくしていても、夜になってベッドに横になれば、同じ心の痛みを感じるでしょう。

このことについては、子どもたちも同じです。忙しくすることには何の肯定的な価値もありません。子どもたちのよいところは、大人より正直で、傷ついた気持ちを進んで話そうとすることです。

どうぞ、子どもたちの話を聞いてやってください。自分が「忙しくしなさい」という神話に合わせてやってきた経験があるからといって、子どもたちにもそれを押しつけないでください。

## 突然の喪失にはまず体が反応する

愛する者の死は、周囲の人にとって、とても動揺させられる出来事であることを忘れないでください。喪失体験によって、心がマヒしてしまったり、無力感にさいなまれたりするのは、決してめずらしいことではありません。あたかも、機械に負荷がかかりすぎ、回路が遮断され、問題が感知されず、機器が停止するようなものです。喪失体験からくる圧倒されるような強い感情に反応している最中に、急いでもとの生活に戻ろうとするのは大きな無理がかかることであり、よいこととはいえないでしょう。

「小人閑居《しょうじんかんきょ》して不善《ふぜん》をなす」（小人は、暇にしていると良くないことをしがちである）ということわざがありますが、これが忙しくするのがいいことだという考え方の基盤になっています。しかし、このことを喪失体験をした人に当てはめるのは、まったくのまちがいです。

人間の体は、精神的・身体的に大きなダメージを与えられるような経験をすると、感情をマヒさせる強い化学物質を作りだします。私たちの体は、自分では何とかできないような痛みを体験すると、自分を守るために意識をなくすようにするのです。人間には、受け入れられないような痛みを伴う事実を拒否する、心理的なメカニズムがあるように思えます。それは、とくに愛する者の突然の死を知った際に起こるようです。愛する人を亡くした人たちの多くが、しばらくの間感覚がマヒしたり、断続的なマヒがあったと言っています。その期間は人によって違い、予測は困難です。このマヒが、喪失体験をした人のために有効であることに何ら疑いありません。

まず、マヒすることは、愛する人の死という決して望んでいない現実を、私たちの脳や身体や精神が適応し、受け入れられるまでのクッションになります。そして、私たちを日常生活の繁忙さから引き離し、喪失からくる深い悲しみに向かい合うことに集中させてくれるのです。

以上のことはすべて大人にとって真実です。そして子どもにとっても全く同じなのです。

突然の悲劇に対して、いくつかの面では、子どもは大人のようにはいきません。なぜなら、子どもは大人ほど、どう感じているか、どう考えているかを言葉にする技術に長けてないからです。大人が職場で気が散ったり、仕事の能率が上がらない状態なら、それよりさらに子どもは学校で気が散って、勉強に集中できないでしょう。問題は、多くの学校では、こうした悲嘆の問題を情緒的な問題としてでなく、自制心やしつけの問題として扱う傾向があるということです。

喪失による影響の度合いは、一人ひとり特有であり、個人によって違いがあるということを強調したいと思います。一人ひとりが喪失の後、生活の本流に再び戻るために必要とされる時間も要素もさまざまです。喪失による悲嘆の影響のおもな三つは、感情面、精神面、そして知的な面に現れます。

悲しみの定義を思いだしてください。「何かを喪失することによって生まれる感情」でしたね。私たちは、みなさんに子どもたちの生活のこの三つの側面を注意深く見てほしいと思います。まず初めに感情面、二番目に精神面、そして三番目に知的な側面です。このすべてを見守ってください。

少し時間をとって、深い悲しみにおける精神面を「スピリチュアリティ」という言葉をつかって説明します。多くの人がスピリチュアリティの概念の一部として宗教的な原理を用いますが、私たちが使うときには、そこには何ら宗教的な意味を含んではいません。私たちは「魂」とか「こころ」、あるいは人間存在の「直感」的な部分をそう呼んでいます。その概念は、感情面や知的な側面からは定義できない精神面を指します。このカテゴリーは必要なのです。

私たちは、みなさんが親や保護者として、子どもたちのスピリチュアル（精神的）な面をしっかり認め、理解していると信じています。いかなる喪失であっても、その後に続く子どものスピリチュアルな範囲の変化や違いに、みなさんが注意を向けるよう強く提案します。またさらに、子どもたちの感情面のアップダウンに注意を払っていてください。

同時に、亡くなったのが母親だったり、父親、兄、妹あるいは配偶者だったりすると、みなさん自身が自分の感情と精神面の打撃に気をとられているでしょう。自分の感情がローラーコースターのようにアップダウンし、ついていくことができないように感じるでしょう。自分自身の反応と子どもを助けたいという気持ちが分離したとしても、深く大きな隔たりを作ってしまわないことです。

この場合は第三者の手を借りながら、時間をかけて、子どもの悲しみとしっかりしたつながりを作るために自分の悲しみの経験を使うことが大切です。

## 同じ話を繰り返すのは十分に聞いてもらっていないため

子どもが行きづまっていることに気がついたら、おそらくそれはいくつかの理由があるはずです。前にも述べたように、正しい正しくないという知的な視点ではなく、感情面を受け止めることです。

## 物語に関する真実に焦点を当てる前に、話をよく聞き、感情を認めなければいけません。

もし子どもが同じことを繰り返し話すなら、その子は自分の感情を十分に聞いてもらっていないのです。「聞いてもらっていない」という言葉は、とても重要です。子どもたちは、いつかだれかが自分と本当の意味でコミュニケーションをとってくれるという希望を持って、考えていることや感じていることを繰り返し話しているのです。しかし、もし周囲の大人が、「悲しいなんて言うんじゃない」、あるいは「強くなければだめだ」、あるいは「忙しくしていなさい」と言ったなら、子どもは大人が自分の話を聞いてくれているとは、まちがっても信じないでしょう。

子どもによっては、せっせと勉強し続けます。それは、注意をこちらへ向けたくて死に物狂いになっているのです。大人は、子どもたちは出来事を否定的にばかり長々と話している、と結論づけるかもしれません。一方では、私たちはその子どもがとても頭がよく、ぐちをこぼさない、と思うかもしれません。

多くの子どもたちは、話を聞いてもらおうといろいろ試した後、もう話さなくなります。感情を葬り去り、自分の感情が認められないことによって起こる抑圧感を、行動で発散し、問題を引き起こすかもしれません。悲しいことに、こうしたことが起きるとき、本来の悲しみの出来事はしばしば見逃され、焦点は、子どもの「問題」行動に移ってしまいます。すると、しつけの問題(非行、問題行動など)となってしまうのです。

## 聞き手にめぐりあう

時折、映画やテレビなどのメディアから、私たちは、喪失による悲しみの問題についてインタビューを受けます。そのことは、喪失による悲しみとそこからの回復に関して、真実を広く正しく伝えるためによい機会になります。しかし、私たちの提供する情報は、フィクションやドラマなどのあまりに多くのまちがった情報を阻止するのには、ほんのわずかな力にしかなれません。

あるとき、プロデューサーが、彼の九歳の孫娘のブリアナを連れてやってきました。二人がテーブルに着いたとき、そのプロデューサーは、ベビーシッターをしなければならない日だったので、ミーティングに孫娘を連れてこざるを得なかったことを詫びました。

ジョンは、「大歓迎だよ。少なくとも彼女がここにいることで、私は話すことが楽しくなるだろうから」と答えました。そのミーティングは、たった三〇分で終わり、ディレクターとプロデューサーは、今学んだことを話し合うためにテーブルのすみへ移動しました。

ジョンは、九歳のブリアナと話しはじめました。ほんの短い時間に、ブリアナはジョンに自分の感情を伝えるのは安全だと感じとり、とてもまじめな態度で、「ジェームスさん、私にはとてもつらい時期があったのよ」と話しだしました。ジョンは尋ねました。「何があったのかな?」

ブリアナは、彼女の身に起きたことを話し始めました。「私のもう一人のおじいさんが亡くなったの。私たちはニュージャージーからカリフォルニアへ引っ越したので、私は友だちと別れなければならなかったの。新しい友だちなんていらないわ。私のネコも逃げてしまったよ。とってもとっても仲がよくて、だいすきだったのに」

ブリアナの初めの言葉を覚えていますか？「私にはとてもつらい時期があったのよ」

実際、彼女の物語はとてもわかりやすいものです。祖父を亡くしたことによって引っ越しを経験し、友人とも離れ、新しい学校に行き、ペットまで失ったことは、決して異常なことではありません。では、彼女はなにがいちばんつらかったのでしょう。

ここまでこの本を読みすすめた方たちには、答えがわかっているのではないでしょうか。

それは、彼女の話をちゃんと聞いてくれる人を見つけることができなかった、ということです。だれ一人として、彼女の助けを求める声をちゃんと聞こうとしなかった。だれ一人として、彼女の経験したことに伴う感情を受け止めて、助けになるようなことをしてくれなかったのです。

ジョンは、だれにも話を聞いてもらえなかったという事実が、ブリアナの努力のなさによるものではないことを知りました。彼女は、最初の二か月の間に何度か、自分に起こった感情について語ろうとしたのです。しかし、返答は知的なものであったり、あるいは、典型的な言葉「悲しんだりしてはいけない」であったりしたため、彼女は口をつぐみました。彼女は事実を理解し、知的な乱れはありませんでしたが、心はそうではありませんでした。

ジョンがインタビューで喪失の扱い方に関して話しているのを聞いたとき、ブリアナは、自分が必要としていたリスナー（傾聴してくれる人）がいると気がつきました。ブリアナの「私にはとてもつらい時期があったのよ」というコメントは、突然出てきたものではなかったのです。ブリアナは、ジョンという聞き手を探しあてたのです。

# 第7章　神話Ⅵ　時間がすべてを癒《いや》す

「時間がすべてを癒す」という考え方は、ひどく誤った情報の一つにちがいありません。しかし、この考え方には部分的に根拠があります。喪失の悲しみからの回復と情緒的な痛みが終了するまでには、ある時間がかかるからです。しかしながら、時間が傷を癒すのと、ある時間の経過によって傷が癒される、との間には大きな違いがあります。

「時間はそれ自体傷を癒すことはなく、癒すこともできない」という事実のユーモラスな説明をすでに紹介しました（19p）。車に乗って外出し、タイヤがパンクしていることに気がついたという例です。じっと座っていてもタイヤに空気はもどらず、何らかの行動を起こさなければ事態は解決しません。

それではどうして「時間が癒す」と人々は繰り返し言うのでしょう。事実が嘘をどのようにサポートするのかをわかりやすくしましょう。死や離婚といった主だった喪失のできごとは、圧倒されるような膨大な感情的高まりをつくりだします。前の章で示したように、痛みは時として耐えがたいもので、そのために私たちの脳や心はマヒするのです。私たちが喪失の事実に順応し受け入れるうちに、痛みのいくつかは自然に小さくなります。ほとんどの人が、持ち続けていた痛みが小さくなったのは、時間の経過だと判断します。これは真実です。しかし、それは喪失に関連した直接的な痛みに関してのことです。

前章で、「忙しくしなさい」という危険な神話について述べました。もし私たちが、「時間が傷を癒す」

という考え方と、「忙しくしなさい」という考え方を結びつけると、結果として、もしあなたがずっと忙しくし続ければ時間はどんどん過ぎ去り、結果としてあなたは癒される、ということになります。

多くの人がこうした考え方を注意深く見直さないため、こうした言い方が意味するものに気がつきません。たとえば、悲しんでいる友人に「時間がすべてを癒すから、忙しくしつづけるといい」というアドバイスがあたえられたら、あなたは、ちゃんとそれを否定できますか？

## すぐに回復することを強いてはいないか？

もし、あなたが転んで腕の骨を折ったとします。四～六週間は仕事を休んで傷病手当をもらうかもしれません。でももし、あなたの母親か夫、あるいは兄弟かお子さんが亡くなったとしたらどうでしょう。愛する人を亡くしてつらい感情に圧倒されているときに、どのくらい休むことが認められるでしょうか。答えは、三日間です！　たったの三日。腕を折ったときには数週間の休みが認められるのに、愛する人を亡くした悲しみを癒すには三日間です。深い悲しみを癒すという大事業が、少しだけ具合が悪い程度の扱いであっていいのでしょうか。

もし愛する者の死後四日目には何事もなく見え、生産的になって職場に戻るべきだ、という考え方が社会的に受け入れられているなら、たとえ四日でも時間は回復の重要な要素である、という神話は補強されます。しかしそれほどすばやく愛する者の死から心の平静を取り戻すことが可能だ、という考え方には違和感があります。インスタント的な回復には、喪失の悲しみに沈む人たちにさらなる重荷を負わせ、悲しみの海でたった今おぼれている人にさえ、「だいじょうぶですよ」と言わせる傾向があるのです。

今度はみなさんのお子さんに当てはめてこの考え方を検討してみましょう。子どもが心に大きな衝撃を与えるような喪失体験をした後、ほんの数日で、すっきりした目で、陽気に、勉強に前向きな態度でクラスに戻ってくることを期待はしていませんよね？

教師や大人は、子どもたちがよりよき存在であることを願うゆえに、健康で、元気で、明るくあれと望んでいるのではないでしょうか。しかし、同時に私たちは、悲しんでいる子どもを認め、必要があれば援助し、他の生徒たちと相互にふれあえるように導く義務があるのを知っています。そのために、学校の教師やカウンセラー、そして学校運営にあたる人たちも、この本から多くを学ぶことができると確信しています。

## 悲しみは「乗り越える」べきものなのか

多くのサポート団体が、喪失に対するガイドラインを出しています。それによれば、親や配偶者の死を乗り越えるには二年ほどかかり、子どもの死に関しては決して乗り越えられるものではない、とされています。「乗り越える」には、「その人を忘れる」という意味が暗に含まれています。母親や父親が自分の子どもを忘れるなどということはありえません。

私たちは、時間が悲しみを癒すという考えには同意できません。二〇年も三〇年も悲しみが癒されるのをずっと待っている人にお会いしたことがあります。悲しんでいる人たちによく投げかけられる言葉に、「あなたはもう乗り越えているべきです」というのがあります。ある時間を勝手に決めて、まだ悲しみから回復していないと、自分でも「私はもう乗り越えているべきなのですが……」というのです。残念なことに、時間が痛みを癒すというのは神話です。

さらに、「子どもの死は乗り越えられない」という考え方は、多分私たちが今までに聞いた考え方の中で、もっともダメージを与えるまちがったものだと思います。そう言われて、生きるのに希望を失った親を見てきました。気分がよくならないのなら、なぜ悩みは続くのでしょう。

「子どもの死は乗り越えられない」という残忍な言い方をされた人たちに直接お会いして話をしてみて、別の言葉で援助をすればもっとよい結果を招くことができる、と確信しました。

私たちは、そうした人たちに、「子どものことは決して忘れられないけれども、もし悲しみを癒すための今までとは異なった行動をとれば、過去の出来事を痛みに満ちたものとしないで、優しい記憶として心にずっととどめておくことができるようになりますよ」と言っています。

彼らは、その死を忘れるのでもなく、否定するのでもなしに、意味のある、価値のある生活を取り戻すことができるのです。

そしてもうひとつ、子どもたち（兄弟姉妹）もいっしょに、「決して乗り越えられない」という言葉を聞かされていることも忘れないでください。子どもたちは、「今の気持ちがよくなることはない、決して別の気分にはならない」と信じてしまうのです。子どもたちには、そういった罠に落ちないための、正しい言葉が必要とされています。

私たちは深い悲しみからの回復のための行動をした結果、もはや生存していない人を懐かしく思ったり、二度と悲しくなったりはしなくなる、とは決して言っていません。むしろ、回復を始めると、すでにこの世界にはいない人を思い出した時に、幅広く、あらゆる範囲の感情が感じられるようになります。みなさんは、生きている人に対して感じるように、別の世界にいる人にもさまざまなことを感じるのです。

みなさんの子どもたちに関して、何を変えなければならないか、それは悲しみは悪いものだ、という考え方です。悲しみは何も悪くはありません。悲しみは、ただ正常であるための一部分なのです。

多くの組織が関係性のレベルに即して喪失のランク付けをしています。これが私たちを悩ませます。すべての関係は唯一のものです。ですから、それにランク付けをすることは危険だと思います。お子さんを何人かお持ちの方ならわかるはずです。一人ひとりの子どもとの関係、つながりは異なっており別個のものです。私たちは、一般的な関係性で悲しむのではありません。たとえば、母であるから、とか、配偶者であるからとか、子どもであるからとか、そうした立場や資格ではありません。そうではなく、亡くなった人との特別の、個別の関係性ゆえに悲しむのです。

この問題に関して何ページも割いたのには、いくつかの理由があります。

まず、子どもたちのためのよりよい情報を持ってほしいということです。

二つ目には、読者の中には、ご自分のお子さんを亡くされた方がおいでと思います。そのためにこの本を手にしておいでになるのではないでしょうか。そして亡くなられたお子さん以外の他のお子さんに、兄弟の死がどのような影響があるのかにも関心があるはずです。

私たちは、みなさんが喪失のランクや比較するという罠に陥らないことを願っています。

# パート2　未完の感情を知る

ここまで、私たちはまちがった情報が無意識に世代から世代へと伝えられてきた事実に焦点を当ててきました。また、悲しみという感情は、喪失に対する自然で正常な反応であり、悲しみを「慣れ親しんだ行動のパターンが変化したり終わってしまうことによって生ずる葛藤した感情である」と定義しました。

この二つの説明は、悲しみに関する、わかりやすく、単純明快な観念です。すなわち悲しむことは、あらゆる喪失に対する適切な反応です。悲しみという感情はとても重要です。しかしそれはこの本のテーマではありません。この本の目的は、喪失体験によって引き起こされた悲しみからの回復です。

とくに、この本はみなさんの子どもたちの個々の喪失をどう扱うかを援助するためのものです。

また、生活の中で遭遇する喪失を扱うための効果的な方法を、みなさんが子どもたちに提供できるように援助することが目的です。そして、一人ひとりにとって感情は特別のものです。みなさんは、悲しみ方は人それぞれで、それぞれが自分のペースで悲しむ、と聞いたことがあると思います。その通りです。

しかし、人がどのように悲しむかは、ここで私たちが述べることではありません。

喪失の後をどうするのかに関して援助するのが私たちの仕事です。

# 第8章　探していた本を書いたジョン

一九七七年当時、ジョンはソーラー住宅建設の請負人でした。妻と二歳の女の子がいました。そして、もう一人子どもが生まれるのを心待ちにしていたのです。生まれた赤ちゃんは男の子でしたが、たった三日しか生きませんでした。

ジョンは他にも多くの喪失を経験していたのですが、息子の死による痛みには、まったくなにも備えていませんでした。彼は考えられるかぎりあらゆる場所で援助を求めました。人の言葉は、「時間がたてば楽になります」か、「神は、あなたが扱いきれないほどのものを与えたりはしません」、あるいは「忙しくしなさい」というものでした。しかし、ジョンの悲しみは耐えきれないもので、自殺まで考えるほどでした。彼は三四歳で、平均ではあと少なくとも三〇〜四〇年生きていられるわけですが、このままではそれほど長くは生きられないと思い、助けてくれる場所や方法を探そうと心に誓いました。

初めジョンは本を探しました。本のタイトルはわかりませんでしたが、何百万人もが毎年亡くなっているのだから、愛する人を失った痛みをどうしたらいいのかについて書かれた本があるだろうと考えました。しかし、そういう本は見つかりませんでした。喪失体験をした人がどう感じているかを、華麗な言葉で語る何百冊もの本はありました。でも、彼はすでに自分の感情がどういうものか知っていたので、痛みを認識するための本は不必要でした。そうした本の一つの長所は、悲しみに沈んでいるのは自分一人ではない、という慰めの言葉でした。こうした情報には価値がある一方、限界があります。

本探しに行きづまって、ジョンは、心の痛みに対して自分にできることを見つけるためと、たとえ何であっても進んで何かをしようとする気持ちと、元のように積極的な生活をする気持ちを取りもどすため、長い旅に出ることにしました。

彼は、それまでに聞いたことや、できることをすべてやってみました。まず、彼の人生でのほかのすべての喪失を見つめなおしました。犬の死、祖父の死、大恋愛後の失恋、ベトナム戦争、父の死、弟の死、離婚、そして喪失の扱い方に関して、彼がそれまでに学んだすべての考え方をためしました。

この本のパート1で六つの神話を見直しましたが、ジョンも、子ども時代に集めた情報が自分の考えの基礎になっていることを知りました。ジョンは、今まで言われてきたことを注意深く見つめ直し、ついに神話を追い払います。「悲しむな」、「喪失にかわるものを手にしなさい」、「一人で悲しみなさい」、「強くあれ」、「忙しくしなさい」、そして「時間が癒してくれる」というものです。

こうした考え方を払いのけたとき、何が残るのでしょう。何かを捨てて、置き換えるものが何もないということは、とても恐ろしいことです。それでもなお、古い神話と新しい考え方の間のどこかに、ジョンは何かを探そうとしました。ジョンは、「なぜ今回の喪失は他の喪失とは違うのだろうか」、そして「私の弟が亡くなった時とちがって、なぜ私は立ち直ることができないのだろうか」と不思議に思っていました。

最初のキーワードは、「違い」です。ジョンは、何が違うのかを考えるにつれ、次の言葉が浮かんできたのです。「違った」、「よりよく」、「もっと」。

疑問は発展しはじめました。彼は、息子との関係の中に、彼が切望していた「違った」「よりよい」「もっと」多くのものがあったのかどうかを自分に問いかけました。答えは、「はい」でした。

生まれる前に医師にくわしく調べてもらったら助けられたかもしれない、医学的にもっとやれることがあったかもしれない……。

「違っていたら」、「よりよかったら」、あるいは「もっと○○だったら」という考え方は、彼の痛みの一因となっていました。終わってしまったり変わってしまった関係を振り返るとき、「ちがう対応をしていたら」、「よりよい方法をとっていたら」、「もっと○○だったら」と切望するのは、世界共通のことなのです。

ジョンは、たった三日間しか生きられなかった息子との関係を、さらにそれにそって確かめようとしました。彼は、自分の将来に起きてほしいと望んでいた出来事を想像したり、感情を予想しながら、じっくり九か月を費やしたのです。息子といっしょにどこへ行きたかったか、何をしたかったか、どんな計画をたてたかを考えつづけました。たとえ何であれ、その子に関する想像はすみからすみまでしてみました。そうしているうちに、その子がかわいくて、いい子で、すばらしい子になっただろうと、確信するようになりました。彼が考えたことや感じたことは、すべて自然で正常なことでした。子どもに夢を持ち、希望を持ち、将来に期待をすることは、親ならば皆がやっていることなのです。

長旅が終わりに近づくにつれ、彼の心の痛みは、息子の死が彼の将来に対する期待と希望や夢、そうしたすべてのものが終わってしまったという事実によるものだと気がつきはじめました。

子どもとの関係には将来への希望など多くの思いが含まれますが、失った希望や夢、そして期待を抱くのは、子どもの死に限られたことではありません。希望、夢、そして期待は、すべての関係に属するもので、たとえば敵対関係にあったり、論争的で波乱にとんだ関係を持ち続けたりした人が亡くなっても、いつか関係を修復できるという希望が終わってしまった、という事実が残るのです。

離婚がまさにそうです。離婚は、希望や夢が破れ、将来への期待を葬ります。子どもたちは、自分たちの将来に関係している離婚という結末に困惑し、途方にくれます。子どもたちはまた、離婚という、親の結婚の予期せぬ結果を変えるために、自分たちは「違った」、「よりよいことを」、「もっと」たくさんしておくべきだったにちがいない、と思うでしょう。親はなにより子どもたちに、「離婚が子どもたちのせいではない」とはっきり言ってやることが重要です。「子どもたちがすべきことをしていなかったから離婚になったのではない」と話しましょう。違ったこと、もっといいこと、もっと多く、そして敗れた夢や希望、実現しなかった期待について、もっと助けになる扱い方を知ることで、両親の離婚によって作られた子どもたちの巨大な感情をどうしたらよいかがわかるはずです。

私たちが、「違った、よりよい、もっと」という言葉を数ページにわたって使ってきたことにお気づきと思います。こうした言葉が含まれる考え方を、喪失を経験している子どもたちにどのように使うかを、次に説明していきます。

## 「違った、よりよい、もっと」～ジョンの探求は続く

ジョンは喪失を探求する旅の中で、亡くなった息子との関係、そして息子が生きていれば果たすことができたであろう、「違った、よりよい、もっと」という彼自身の希望や夢や期待、そして将来の見通しを見つめることができるようになりました。ジョンのこうした発見は、とても情緒的なものでした。

彼は、探求から現れた考えと感情をどうやって手放すかを知りませんでした。彼の長旅の次の部分は、彼が見つけたものをいかに完結し、それを、実際的な方式に変えるかを学ぶためのものでした。

ジョンは、不完全で閉ざされた感情を発見し、完結させたことで、人生の目的を再発見することになり

ました。つまり、未完のままになっていた息子とのコミュニケーションに伴う、抑圧し、蓄積していた感情を発見し、それにじっくり向き合うことで完結へと導いたのです。

　彼の人生は息子の死によって影響を受け変化しましたが、再び生きられる感じがしました。そしてついに、気分も上向き、エネルギーを感じはじめ、仕事に戻る準備もできました。

　しかし、運命はジョンに異なった人生を与えました。友人たちが、彼のこうした経験を知ると、子どもが末期の病であったり、あるいは、子どもが亡くなったばかりの人たちを、彼に紹介しはじめたのです。

　しばらくして、ジョンはもとの仕事より、悲しみの中にいる人たちを援助することに時間を割くようになりました。まもなく彼は、自分ではどうにもできない痛みを抱えている人たちを援助する仕事をすることになったのです。そして援助をすればするほど、援助を必要とし、求める人たちが現れました。

　援助を必要とする人たちは手にあまるほどだったので、ジョンは古いコンピュータの前に座り、本屋で見つけることのできなかった本を書きはじめました。最初に自費出版し、その後すぐにハーパーコリンズ社で出版したことは、すでに巻頭で書きました。仲間のフランク・チェリーと共著で一九八八年に『The Grief Recovery Handbook: A Step-by-Step Program for Moving Beyond Loss』を出版、一九九八年にはジョンとラッセルによって改訂版の『The Grief Recovery Handbook: The Action for Moving Beyond Death, Divorce, and Other Losses』を出版しました。

　ジョンが、息子の死によって引き起こされた痛みの感情を完結するために何が必要かを知る本を見つけられなかった失望感は、あらゆる喪失による何百万という人の心の傷を癒す本の出版につながりました。

　そして、息子を亡くして抱えた感情を癒すために必要だったジョンの行動は、子どもたちが生活の中で体験するいくつもの喪失による心の痛みをかかえたとき、同じようにみなさんが行えるものです。

# 第9章　未完の感情とは何か

喪失から生まれる深い悲しみは、感情の落ちこみと混乱などを伴います。この深い悲しみをどう扱うかには段階と方法があり、それらを成しとげて、感情はいわゆる「完結」をします。したがって「完結」は、特別な行動の結果であり、行動をしなければ、悲しみは「未完」のままであるということです。

実際の生活で見てみましょう。

二人の女性、ナンシーとメアリーは仲のよい友だちでした。いっしょに過ごしたある日、夜になって二人は口論をしました。二人は激しく言い合い、けんか別れしました。ナンシーは家に帰ってから、気分がよくありませんでした。口論したことで落ちつかなかったのでした。

今、彼女は「未完」の感情を抱いています。「完結」するためには次のような行動が必要です。

ナンシーはメアリーに電話をし、こう言います。「もしもしメアリー？　ナンシーよ、言いすぎたわ、ごめんなさいね」メアリーは、これに対して「電話ありがとう。私もごめんね。今日はちょっといらいらしていたの」

二人は謝るという行動で、未完の感情を完結しました。ナンシーが電話をするという行動が完結へとつながりました。もしそのまま別れてしまえば、二人の感情も関係も未完のまま放置されたでしょう。けれど二人は友情をとりもどし、今後の関係に及ぼすようなよくない感情は持ち越しませんでした。

では、同じようなストーリーで、異なった結末を考えてみましょう。

ある理由で二人の女性が口論します。しかし、二人とも自分から謝ろうとしません。二日後、一人の女性が交通事故で亡くなりました。二人はもう許しあうことはできません。残された女性は、出来事に関しての「情緒的な不完全さ」を抱えたままの状態です。あるいは、未完のコミュニケーションが「情緒的な不完全さ」を生み出した、とも言えます。

私たちは、「違った」「よりよく」あるいは「もっと」という言葉に注目します。

この場合は、残されたほうの女性が、「友人との関係を修復できればよかった」、「自分から謝ればよかった」と悔やんだにちがいありません。今とは「違った」「もっと」「よりよい」関係を築きたかったと切望しているでしょう。なぜ自分から電話しなかったのか、なぜ意固地になっていたのかと、繰り返し自問自答しながら、友人の葬儀に向かう彼女を想像してみましょう。

私たちは、彼女が自分から電話をして謝っていれば、友人の死にともなう悲しみの感情が小さかった、と言っているのではありません。もし二人の関係が修復していれば、彼女の後悔の感情は完結し、それまでの二人のよい関係を思いだし、友人の死を悼むことができただろうということです。

私たちの多くは、「過去に固執するな」と教えられてきました。すんでしまったことを悔やんでもしかたない、とも言われてきました。こうした善意のアドバイスはすべてとても危険なのです。なぜなら、人の心と気持ちは特別な方法で機能するからです。一つのことが起きると、脳は関係性を見直し、いろいろな可能性を見つけ出し、「違った形で終わることができたにちがいない」、「もっとましな形で」、「よりよいことができたにちがいない」と考えます。そうするのは私たちの自然な在り方です。

しかし、これに加えたいのは、すんでしまったことでも働きかけることができるということです。この方法を学ぶことでみなさんは、喪失に伴う考え方や感情を発見し、「未完」の感情を「完結」に導くことができるようになるはずです。

みなさんは、「完結」と「未完」という意味を理解しはじめましたね。これは重大なキーワードであり、子どもを援助するためには欠かせないものです。

みなさんは、今までに「謝る」という行為を次のように考えたことがないかもしれませんが、「謝る」ことの一義的な目的は、「すでに起きてしまった出来事に対する情緒的な完結をつくりだすこと」なのです。謝るという行為は、子どもが社会に適応するために身につける、重要な課題の一つです。

## 未完の感情は悪いことだけに起きるのか

何らかのよくない出来事が起こり、未完のコミュニケーションとそれに伴う感情が残る、という場合だけではありません。よい出来事に対しても同じことが言えます。

例を見てみましょう。

ある子が、祖母からプレゼントをもらいました。それは子どもならだれでも喜ぶようなすばらしいプレゼントでした。その子は、祖母にお礼の手紙を書くつもりでした。しかし、その前に祖母が亡くなってしまったのです。その子は、特別のいい出来事に関する未完のコミュニケーションとそれに伴う感情を抱えてしまいました。

一般的に未完の感情とは、「言ってしまった」、「してしまった」、あるいは、「言えなかった」、「できなかった」ことを、そうでなかったらと切望させます。また、他の人に「言ってほしかったこと」、「してほしかったこと」、あるいは、「言わないでほしかったこと」、「しないでほしかったこと」が要因になっています。

子どもたちは、こうしたことにとても敏感です。みなさんの仕事は、子どもたちの伝えられていない情緒的な感情の完結を援助することです。

次の説明は、未完の感情についての私たちの見解です。

私たちの主催する三日にわたるワークショップでは、いくつかの質問をすることで、未完の感情を明確にすることが可能です。二日目に、だれか参加者の中に好感を持てる人がいるかどうかを尋ねます。答えが「はい」の場合、どういうところがよいのかを聞きます。おおむね答えは、「勇気がある」とか、「心を開いているところが好きだ」というものです。

私たちは、「それを相手に伝えましたか？」と尋ねます。たいてい答えは「いいえ」です。そこで私たちは、「みなさんがそれを言う前に、その人が死んでしまったとしたら、伝えられなかった感情を抱えるのはだれですか」と尋ねます。答えは「私です」。

そこでまた私たちは、「あなたは、知り合ってたった一日しかたっていない人との間にも、未完の感情を抱える可能性があります。ではもし、その相手が家族や友人、生涯にわたって過ごす人との間であったらどうなりますか？」と尋ねるのです。

未完の感情は、大きな出来事だけから生まれるわけではありません。大きかろうが小さかろうが、伝えられなかった感情は蓄積されるのです。時として未完の感情は、私たちの行動、あるいは行動をしないことが原因で作られます。またある時は、私たちのコントロールの及ばないところで起きます。

一つの悲しい話があります。これは周囲の状況によって作られた未完の感情です。ある少年が、スクールバスに乗るので走っていきました。母親は玄関先で叫びました。「シャツをちゃんとズボンにしまいなさい、みっともないわよ！」。

数時間して、警察官が玄関のドアをノックしました。校庭でめったにないような事故で亡くなったのです。想像もつかないような辛さに加えて、母親は最後の息子とのコミュニケーションをどんなふうにとらえたでしょうか。最後の会話がもっとよいものだったら母親の心の痛みは小さかっただろう、ということではありません。私たちが言いたいのは、母親が息子に対して成しとげられなかったコミュニケーションが、多くの感情を残す例だということです。

どんな会話がその人との最後のものになるのかは、だれも知りません。多くの関係性の中で、ここで扱うのは、ほんのいくつかの出来事でしかありません。しかし、死や離婚に関しては、それらはしばしば未完のコミュニケーションとそれに伴う感情を抱える要因になります。

それでは、その他の喪失ではどうなのでしょう。人によっては、私たちが従来からの神話的な感情への対処法とは異なったことを言うのを認めません。私たちは、他人に強制はできませんが、このことがしばしば未完の感情を作りだしてしまうのです。

また、自分の素直な感情や、謝罪、告白などは、口に出して言うのにちょっとした勇気が必要です。そして、私たちはいいタイミングや状況を待ちます。ちょうどいいタイミングが来ないこともあります。あるいは、言うのを忘れることもあれば、主題からそれることもあります。そのうち、相手が亡くなったり離れていったりすれば、コミュニケーションは未完のままで、伝えられない感情が残り、それらに押しつぶされそうになることもあります。

手短に言えば、だれかとの間の未完成のコミュニケーションによって、深い悲しみ（グリーフ）が生み出されるとも言えます。出来事はつい最近のことも、あるいは何年も前のこともあり、時には、何を言ったか何をしたか定かではないこともありますが、これらが未完の感情を生み出す元になっている場合もあります。また時には、周囲の人がこちらの言ったことを聞いたかどうかが定かではなかったり、こちらの話を意図したとおりに相手がとらえてくれたかも定かではない場合も、未完の感情が生みだされます。

このことははっきりさせておきましょう。感情が未完のままであるということは、あなたがまちがっているというのではないことを。また、あなたに欠陥があるわけでもありません。それは、あなたが喪失感から癒されていない、悲しみや苦しみが完結されていない状態である、ということです。

子どもたちはどうなのでしょうか。

子どもたちは、自分の感情を聞いてもらったりわかってもらったりしている、という確信がかなり低いものです。子どもたちに伝えられない感情があるとすれば、情緒的なコミュニケーションが不完全ということです。もう一度、感情を扱う時に「いいことだ」とされる決まり文句を思いだしてみましょう。「窮地にあっても動じない」、「自力で進む」、「足手まといになるな」、「強くあれ」

こういう決まり文句はまだまだたくさんありますが、これらを投げかけられた子どもたちは、自分の感情が勇気づけられているとは感じられず、受けいれられていない、あるいは歓迎されていないという印象が植えつけられます。感情がおさえつけられ、交流できなければ、未完の感情は必然的に強化されます。

私たちは、子どもはだれかのところに行って何でも話さなければならない、と言っているのではありません。人間にはかならず率直に言えない考えや感情があります。子どもたちには、あまり感心しないようなことでも話せる、安全な場所が必要だということです。

みなさんの上司が、あまり礼儀正しくない行動をしたとしても、それを指摘すれば関係性が悪くなってしまうでしょう。もしかすると、仕事も危うくなってしまうかもしれません。ですから、多くは見てみないふりをしたり、そのままにしてしまいます。その日の夕食で、妻（または夫）に、自分の上司がいかにダメな人間かを話したら、この出来事に関してのあなたの感情はすっきりするかもしれませんね。

私たちは、もしみなさんが子どもたちにも同じように安全性を作ってやったら、それは子どもたちにとって大きな助けになるにちがいないと考えています。時には祖父や祖母が、あるいは親戚の人が、先生やコーチが、多少ぶっきらぼうであっても、子どもの話をただただ聞いてあげるのはよいことです。

あなたのお子さんは、職場にいるあなたと同じように、先生やコーチなどに話すことは安全ではないと感じているかもしれません。あなたが職場以外に安全に話せる場所を使ったように、子どもにもそういう場所と相手が必要なのです。

子どもたちの話を聞くときに、「そんなふうに感ずるべきではない」と言ってはだめです。そのことを忘れないでください。あなたが夫（妻）に上司について話したことが助けとなったなら、きっと話を一生懸命聞いてくれ、あなたがしたいようにさせてくれたにちがいありません。妻（夫）は、決して「そんなふうに感ずるべきじゃないわよ」とは言わなかったはずです。あるいは、「上司にはっきり言ったらいいじゃないの」とも。

私たちは、大変な状況に身を置いた子どもが、大人のようにつらい感情への対処法を学ぶべきだと言っているのではありません。家庭で、職場で、学校で、だれにでも起こり得るような出来事について話をしているのです。

# 第10章　援助者へのアドバイス

みなさんが子どもを援助する際に、それを成功に導くいくつかの考え方をお伝えします。多くの人が、人を変えるのはむずかしいものだと認識しています。

たとえ望んだとしても自分を変えるのはとてもむずかしい、という意見にあなたが同意するなら、自分以外のだれかを変えるための援助はもっと困難である、という心構えを忘れないでください。まして、助けを求めようとしない人を援助するのはさらに困難であるということも。

私たちがよりよい情報を持っていたとしても、本人に援助を受ける気持ちがなければむずかしいのです。みなさんは、ある人が変化するように導くことができたとしても、それを強いることはできません。子どもたちは、援助を受ける場合、「安全だ」と感ずる必要があります。これから、子どもたちがみなさんのリードに従えるように、安全性を創りだすための助けとなることをお伝えしようと思います。

## 空のコップを満たすのはやさしい

セミナーやトレーニングに申しこんでくる人たちに、私たちは「心を開いておいでください。もしそれがむりなら、友だちからオープンな心を借りてきてください」とユーモラスに伝えます。

それでも参加者の多くは、自分たちの生活に限定した、あるいは、自分が経験した喪失を効果的に扱うあやまった方法を固執して離そうとしません。私たちはこう問いたいのです。

「あなたは子どもを助けようとしているのですか？　それとも傷つけようとしているのですか？」と。

いつもやっている方法で子どもに対応するのは簡単なことです。しかし、一般的によく知られていることが、必ずしも価値のあるものではありません。開いた心をもって、喪失の扱い方に関する神話を見直しましょう。そうしないと、あなたは物事を決めつけ、子どもたちに利益のある考えを排除するだけです。心を開いて学べば、まちがった考えは、あなたと子どもたちが人生を高めるために使う新しい方法へと置き換えられるにちがいありません。

非常に前向きな人たちであっても、時には古い効果のない考え方にくっついてはなれようとしません。それは今までとは異なった、よりよい情報を自分の中に入れるのには苦闘が伴うからです。

そこで、見だしが「空のコップを満たすのはやさしい」となったのです。いっぱいのコップに水を入れてもこぼれるだけですから。

## スキューバダイビングの練習

私たちは、援助のための技術や方法を使えるように、講習を受ける人たちにトレーニングします。五日間のトレーニングの最初の半分は、参加者の個人的な未完の感情の発見と完結のために向けられます。

つい最近のことですが、一人の参加者が、「人を援助する方法を学びに来ているのに、なぜ私のことを対象にしなければならないのですか」という質問をしました。私たちはこう答えました。

「今までに一度もスキューバダイビングをしたことのない人から、スキューバダイビングの講習を受けますか?」。答えはまちがいなく「ノー」です。

私たちのみなさんへの質問です。

「みなさんは、みなさん自身がしたくないことやできないことを子どもにしてほしいと頼むのですか」

子どもたちは本能的に大人のすることを手本とします。あなたが言葉にしていない非言語コミュニケーションこそが、もっとも多くのパーセンテージを占めるあなたのコミュニケーションであることを覚えておいてください。あなたの非言語と言語的なコミュニケーションが一致するとき、子どもたちはみなさんの助言を理解しやすく、また、従いやすくなります。

その二つが一致しない時、子どもたちが喪失に対する正しい反応に対して、罪悪感を抱えるというリスクを高めてしまいます。そのことは、子どもたちの人生に長期にわたって、否定的なインパクトを与えてしまうにちがいありません。

## 子どもに危険な変化が起きる時期

幼児は、自分ができる方法でコミュニケーションします。何がほしいか、何が必要か、そして具合の悪さを示すために、声やジェスチャーを使います。親は、子どもの声や身振りや調子で、泣き声を聞き分け、要求をとらえます。親は子どもたちから学んでいるのです。

さて、もう少し成長した子どもたちが、考え方や感情、必要なコミュニケーションを学ぶときに、人生のもっとも危険な変化が生じます。この移行期に、子どもたちは言語的なスキルを学び、情報を身につけます。最大に重要な情報は、悲しみや痛み、あるいは否定的な考えや感情がどのように扱われ、観察され、適応したかということです。生涯にわたって影響を与えるインパクトをこの時期に身につけるのです。

この移行・変化の時期は、一人ひとりの子どもによって異なります。この時期は、それぞれの子どもの人格やスタイルを形成します。そして、子どもたちがとりいれる情報に中心的な役割を果たすのは、多くは親であり、周囲の大人の言葉とジェスチャーです。

何千人という人たちと出会うなかで、この移行期に、ある種の言葉によって非常に否定的なインパクトを与えられ、人生を制限されてしまった人がいかに多いかを知りました。それは痛ましいほどです。

「Big boys don't cry, Big Girls Don't Cry（六〇年代のポップソング）」で、「もう大きいんだから、泣かないの」という歌詞は、大きな影響を広く与えました。幼児期からもう少し発展したコミュニケーションをとる移行期にあたる子どもたちにとって、この言葉の明らかな欠点は、「何か悲しい出来事が起きたときに悲しみを感じたり泣いたりすることは正常でも自然でもない」という意味が含まれていることです。

もう一つの例は、「大人になりなさい」「男らしくしなさい」「女らしくしなさい」。あるいは、「どうしてお兄さんやお姉さんのようにできないの」などという言葉は、子どもが悲しみや痛み、あるいは否定的な感情を表現する効果的な方法を身につけようとするときに、葛藤の原因になります。

「なげくな」とか「めそめそするな」というような言葉は、涙を流すという正常な喪失の感情を表そうとするときに、子どもに「何か欠陥がある」と教えてしまいます。子どもは頭がいいものです。そのため、悲しみや痛みを伴うような感情を表せば、子どもっぽいか、欠陥があると受けとられてしまうので避けます。そうして何年もたってから、彼らは私たちのところへ、痛ましい悲しみとともにやってくるのです。

「私の父親が昨年亡くなりました。でも、私は泣くことができないのです」

このページを書いているわずか一二時間前に、ラッセルは地方でラジオ番組に出ていました。年配の女性が電話をしてきて言いました。「私は七〇歳ですが、一度も悲しみを感じたことがありません」

ラッセルは、きっとその女性は人間が感ずるほとんどの感情、とくに悲しみを認められない環境で育ったにちがいない、とすぐ判断しました。彼女の両親はイギリスからやってきました。そして二人ともそうした種類の感情が、人にとってはいいものではないと信じていました。実際に、この女性はどのような感情も、幸福感さえ分かち合おうとはしませんでした。

ラッセルは、あえて次の質問をしてみました。

「今までに一度もあなたが悲しみの感情を感じられなかったということは、あなたにとっては悲しいことですか」。

答えるまでに、長い無言の時間がありました。そして彼女は小さな声で言いました。「はい」

ラッセルは、彼女の心がすべて押しつぶされてしまってはいないことに気がつきました。彼女は番組の最後に、「あなたの言うことを聞いて、私にも希望がある、いくつかの悲しみを感じられることに気がついた」と感謝しました。

## 感情の無限の能力

人間の感情表現の能力は無限です。かん高く泣いている幼児が、小さな楽しみで喜び、その後瞬く間に苦しそうに叫ぶのが何よりの証拠です。これは、肯定的であろうが否定的であろうが私たちの感情表現が無限というだけでなく、次から次へと移行し、感情の交流の力もまた無限ということです。

幼児には自分の感情をどうこうしようという意図はなく、ある感情からまた別の感情へとあわただしく変わります。幸せ感から悲しみに、幸せ感からどちらともいえない中間の感情に、自分の周りの世界と自分自身に正直に完全に正確に反応しているためです。

## 今の感情を表現することが、次の感情表現につながる

自然にわき起こる感情を抑圧すると、逆に感情が増幅し、後に爆発へとつながる危険があります。水が入ったやかんを考えてみましょう。やかんの下から火であぶっても、増幅したエネルギーは注ぎ口から外へ出ていくので噴出はしません。私たちも、内側に増幅する感情を適切に和らげる必要があります。

次の章では、長期にわたって抑圧され、蓄積された感情がどうなるのかを示します。

人間のもっとも基本的な二つの感情は、「幸福感」と「悲しみ」です。この二つは同じように重要で、私たちの生活の中での出来事に伴う感情です。この感情は必要に応じて声にされなければなりません。「幸福感」はともかくとして、中でも悲しみや痛み、その他の否定的な感情を心の内に持ち続けることは、エネルギーを消耗し、多くの否定的な結末を招くことになります。子どもたちがこの感情をどのように表現するかというと、やっと話せるくらいの小さな子どもは、泣いたり、笑ったり、その他、言語ではないコミュニケーションの方法を使います。それより上の子どもたちは、言葉によるコミュニケーションへの移行期を迎えているので、自分の感情を言葉でも表現しようとするでしょう。

## 言葉での感情表現をうながす

私たちは、子どもの悲しみの感情を制限させないためのデリケートな方法を提案します。私たちは、大人にも同じように接するのですが、泣いているときにも話をすることをすすめます。涙によって悲しみが強く表現されていますが、さらに何を感じているかを話すきっかけをあたえるのです。子どもたちを援助するときも、彼らの感情表現に言葉を加えることをやさしく勧めるのです。

ここでおさらいですが、子どもたちにけっして言ってはいけないのは、「泣くのをやめなさい」という言葉です。泣くのはまちがっている、よくないことだ、とほのめかしでもしたら、子どもたちとの絆と信頼性、安全性は壊れてしまうにちがいありません。

幼児のような非言語コミュニケーションから、言語化したコミュニケーションへの移行期は、未熟な言語のせいで、親やその他の保護者にとってはストレスがたまるかもしれません。子どもによっては、立ち止まり、また進み、二歩前進しては一歩後退しながら移行していくでしょう。この移行は、一人ひとりの子どもによって違いがあるのだということを忘れないでください。もう一度、一人ひとりの子どもによって、移行のペースが驚くほどまちまちであることを知ってください。この移行期は、とても混乱した、困難な時期であることにちがいありません。しかし、大人はできうるかぎり忍耐強くいてください。

あなたの言葉と行動は、子どもたちに大きな影響を与えます。子どもが移行期を航海しているとき、周囲の大人から批判されていないと感ずることが必要なのです。

あなたのお子さんが、この基本的な移行期をすでに通りすぎていたとしても、決して絶望しないでください。子どもは大人よりも柔軟性があり弾力的です。彼らは、大人よりもまちがった考え方が習慣になる経験が少ないのです。異なった、そしてよりよい情報が与えられれば、彼らは本当に早く適応します。ラッセルは、中学一年生と二年生のクラスで話をしました。一年生は二年生より柔軟だったけれども、少し時間をかけると二年生も同じように反応しはじめたそうです。

## 私たちは十分わかっているのだろうか

傷に何かが感染しました。もし治療をしなければ、悪化します。似たことがあります。抑圧され、蓄積されたままの感情は、増幅し、いつか爆発するかもしれません。これらの感情は、「悲しまず、喪失の代わりになるものを手にする、一人で悲しむ、強くなる、忙しくする、あるいは時の流れに任す」ことでは完結しません。

今までに六つの神話を検証してみて、みなさんは子どもを助けるには、自分自身の認識のいくつかを変えなければならないと気づきはじめたはずです。これらの神話に含まれている落とし穴を理解することは、子どもを助けるのに必須です。

次の章では、感情を抑圧し、蓄積することに加担する、他の重要な要素を見てみましょう。

# 第11章　短期間でエネルギーを取り戻す行動

みなさんは、ずっと以前に起きた出来事に、大きなエネルギーを使いつづけている人を知っていますか。それは、悲劇的な体験談を繰り返しする人のことです。そして、何度その話を繰り返しても、重みと痛みと苦悩から解放されません。何年たっても同じ話に同じ感情がくっついたままなのです。

その人が同じ話を何度も繰り返すことで消費するエネルギーが、どれほどのものかを考えてみたことはありますか。私たちがエネルギーについて話すとき、決して神秘的な、あるいはマジック的な言葉の話をしているのではありません。私たちは、つらい話を何度もよみがえらせる、具体的な人間のエネルギーを問題にしているのです。

痛みを伴う記憶の再生が、人の健康にどのような被害をもたらすでしょうか。あなたは、それらが潰瘍や高血圧や頭痛、胃腸障害、背痛など、ほぼ無制限に病気をつくり出すほどの影響があると思いますか？　実際に、私たちは痛みを伴う記憶の再生と健康被害には、直接的な相関関係があると考えています。子どもたちの体は若くてたちまち元気を回復しますが、けれど、感情を抑圧したまま抱えていれば、子どもでも苦しむ結果になります。

この質問を自分にしてください。何かを持ち続けることと手放すことでは、どちらがよりエネルギーを必要としますか。楽しんでやってみてください。こぶしを作って、それをしっかり握りしめてください。

しばらく握りしめたままにしていてください。ちょっと触れても痛くなってきませんか。あなたの腕も手も疲れてきませんか。もうこぶしを開かなければならないでしょう。

もう一度同じテストをしてみましょう。今度はあなたの胃をつかんで、そのままでいてください。それは、あなたが過去に起きたあることを抱えた状態なのです。あるいは、将来に起きるかもしれないことについての不安をそうやって抱えているのです。あなたのおなかがいつもそういう感じがしていたらどうですか。こぶしを握りつづけることと、胃をつかみつづけることがどれほどのエネルギーを消耗するか想像してみましょう。

明らかなのは、手放すことと握り続けることでは、握り続けるほうがはるかにエネルギーを消耗するということです。善意の友人が「手放して、先に進みなさい」と言います。どうやったらそれができるかがわかっていれば、ほとんどの人たちはそうするでしょう。そこで疑問になるのは、なぜ私たちは痛みを伴う出来事と記憶を持ち続けるのでしょう。そしてなぜ、手放すことはそれほどむずかしいのでしょう。

その答えは、パート1で論議した六つの神話のうちのいくつかが、私たちに埋めこまれているせいなのです。「悲しんではいけない」といった考え方が社会で一般化したら、私たちの自然に起こる感情が、葛藤を起こす原因になってしまうのです。私たちは悲しくなった時、人から悲しんでいると思われないために、感情を殺すか、抑圧しつづけることになります。さらに、「喪失のかわりになる」何らかの薬物か、新しい人間関係を選んだとしても、抱えた感情はそのままで、かえって心をそらしたために増幅し、地雷を抱えこむことになります。その地雷をだれかが踏むかもしれません。

「忙しく」していれば、たくさんのエネルギーを使い、じっと悲しむ時間はないかもしれません。けれど、それらの悲しみの感情はどこにもいきません。忙しくしているのは、自分の感情や心の痛みを無視しているだけなのです。そうしているうちに本質的な喪失体験を覚えてさえいなくなるかもしれません。

## 子どものエネルギーはどこからどこへ?

もし、みなさんがかかわるお子さんが、過去に、あるいは最近、喪失体験をしたなら、お子さんの様子を見て気づいたことの一つに、私たちが「短期間でエネルギーを取り戻す行動」と呼んでいるものがあるのはまずまちがいないと思います。

喪失に対する自然で正常な反応である悲しみは、子どもに適度のエネルギーを生み出します。エネルギーが自然にわき出るときに、「クッキーでも食べなさい。そうすれば気分がよくなるわよ」などというアドバイスをされると、わき道にそらされるので、エネルギーはそのまま存在しても回避されます。

もう一度、第2章で紹介した女の子の話に戻ります。彼女は幼稚園の庭で友人たちにいじめられて家に帰り、泣きながら話をしたとき、クッキーを与えられました。クッキーを食べて気分は変わりましたが、気持ちは晴れませんでした。つまり食べ物で気分が変わるのではなく、異なった気分を感じるのです。

情緒的な出来事を解決しようと食べ物(化学物質=薬物)を使用することは、大人の世界ではよくありません。それは、人生全体に否定的な影響を及ぼし、また、化学物質を使うことは喪失と悲しみの対処法ではなく、誤った習慣にもなってしまいます。

この子が一〇年たって高校生になり、同じように校庭で同級生といさかいをしたとき、マリファナの売人が「気分悪いの? だったらこれやってみたら。気分がよくなるよ」とマリファナをさしだしたとしたら、その子はクッキーの時と同じに、マリファナを吸ってしまうかもしれません。

こんな例もあります。あるティーンエイジャーが、失恋をしてすっかり落ちこんでしまいました。彼女は両親に話しましたが、二人ともどう接してよいかわからず、彼女を医者とセラピストのところに連れていったのです。すると、向精神薬が処方されました。

「気分が悪かったら、この薬を飲みなさい。気分がよくなるから」

薬を使うしか方法がなかったと思いますか？　残念ながら、病院においてだされる処方薬でも将来的に大きなダメージを与える可能性があるのです。

アメリカでは、学校で薬物問題への指導に力を入れてきました。けれど一方では、悲しみの感情を扱うために、食べ物や化学物質の使用をすすめてきたのです。これはきわめて不適当なやり方です。

感情に食べ物や化学物質で折り合いをつけるように教えられてきたことは、毎年およそ二八〇〇万人が肥満に関連した原因で死亡しているという事実と、何らかの因果関係があると思いませんか。「悲しいの？　クッキーを食べたら気分がよくなるわよ」という考え方が社会化している結果ではないでしょうか。

悲しみの感情、痛みの感情、否定的な感情は、ほうっておいたらどこへもいきません。そうした感情から生み出されたエネルギーは、どのように作用するでしょうか。これらの感情は、誤った刺激が引き金になるのを待ちながら、地面に埋められた時限爆弾のように心に潜んでいるのです。

## 短期間での回復は役に立たない

前の章で、やかんの中の蒸気の圧力増加について簡単に紹介をしました。ワークショップで、私たちは短期間でエネルギーを回復する方法について、やかんの例でイメージをします。その説明が明解であると多くの方からコメントをいただいています。その一部を、子どもたちに当てはめて説明しましょう。

やかんをイメージしてみましょう。やかんには、水がいっぱい入っています。ガスの炎が最大限強くなりました。水が温められて沸騰すれば、発生した蒸気が注ぎ口からあふれます。その前に私たちは火を止めます。このごろは、口笛のような音を出して沸騰を知らせる仕組みがついていますね。

今度は、やかんに水がいっぱい入っていて、炎は小さくなっています。しかし、注ぎ口にコルクが詰めこまれているので、沸騰しても注ぎ口からエネルギーを放出できません。このコルクは、「悲しみ、痛み、否定的感情について話すことは想定されていない」という、まちがった思いこみを象徴しています。

子どもたちが、「悲しんではいけない」、「泣くなら自分の部屋に行きなさい」と言われるとき、エネルギーは、その子の内側に留まります。代表的な神話の「時間が癒す」という言葉は、やかんを考えたら笑い出したくなるようなことです。時間は、ただやかんを爆発させる方向に持っていくだけです。

子どもをやかんに例えて考えてみてください。やかんの中の圧力が上がってくると、子どもは自動的に圧力を下げようと方法を探します。これが、子どもたちの短期間でエネルギーを取り戻す行動です。これには三つの大きな問題が伴います。最初の問題は、子どもたちは激しく動きます。正確に言えば、そう見えます。感情を葬るかバイパスを作ろうとして幻想を作りだします。二つ目の問題は、短期で終わらせようとすることです。子どもは感情的な問題、課題には向き合いません。そして最後の問題は、注ぎ口のコルクを取り除こうとはしないことです。子どもたちはコルクが詰められていると自覚していません。

結局、子どもの小さなやかんは負荷がかかり過ぎ、短期間でエネルギーを取り戻す方法は、もはや自分が心地よく感ずる幻想を作りださなくなります。死や離婚といった大きな喪失の出来事に、未完の感情が加わったら、何が生み出されるかを想像してみてください。そのような重荷をコルクで栓をしたやかんに入れたら、まちがいなく爆発の原因になるにちがいありません。

ここにちょっとずるい質問があります。あなたは今までに、子どもに向けて感情的な爆発をしたことがありますか。悲しいことに、私たちはみなさんが「イエス」であることを知っています。職場でとても忙しかった日に家に帰ってきて、玄関にクツが脱ぎ散らかされて足の踏み場がなかったら、子どもを大声で怒鳴りつけたでしょう。これが感情的な爆発の例です。私たちもずっと、やかんの注ぎ口にコルクをつめる習慣を身につけてきました。なぜなら、そうするように教えられてきたからです。

私たちの子どもは、私たちがするようにする傾向があります。忘れないでください。

さて、これからみなさんは、子どもたちの適切でタイムリーな感情表現を援助していきますが、それに加えてこの本では、しばらく栓をしていたコルクを子どもたちが取り除くのにも役立つ方法もお伝えします。それをすれば、子どもたちはもっと効果的に喪失に伴う感情を扱えるようになるはずです。

似た話をもうひとつしましょう。あなたの家の庭の雑草を刈りとれば、あなたは「短時間」ですが気分がよくなるはずです。なぜなら雑草はまた生えるからです。あるいは、その雑草を根こそぎ抜くこともできます。そうすれば問題をすべて解決できます。私たちは、みなさんの子どもたちには、雑草をねこそぎぬくような方法をおすすめします。子どもたちが、短時間気分をよくするために、化学物質やその他の代用物を使い、そのせいで生涯にわたり依存と闘わなければならなくなるのはあまりにひどいことです。

食べ物、薬物、アルコールは、短期間でエネルギーが補充できたと感ずる代表的なものです。しかし、まだほかにもたくさんあります。それらのいくつかは、子どもたちにもっと直接的に関連しています。

次にリストをあげましょう。

□怒り
□ファンタジー（ビデオゲーム、コンピュータ、映画、テレビ、本）
□孤独
□セックス
□エクササイズ
□ショッピング（ジョークで小売セラピーと呼ばれる）

どのような種類の喪失でも、その後に子どもには激しい感情が生まれます。彼らの体は、過剰なエネルギーをそらそうとし、なんらかの方法を求めます。「問題行動」という言葉をご存じだと思います。子どもたちが過剰なエネルギーを使うために起こした行動が、大人や社会のモラルからはずれている場合、こういう呼び方をされます。しかし残念なことに、これらが本当に行動上の問題なのか、それとも喪失にかかわる影響で一時的に引き起こされたのかを区別できる大人はそれほど多くはありません。

若者の多くが大きな喪失体験の後、薬物やアルコールを使用しはじめます。私たちはすでに不快な感情に対して食べものや薬物を使用することのまちがいを論じました。短期間でエネルギーを補充することに関して、みなさんは自分の行動を注意深く見つめると同時に、子どもたちの行動も見つめてください。

さて、ここまででみなさんは、六つの神話がいかに子どもたちの援助のじゃまをするか、よく理解されたのではないでしょうか。また、短期間でエネルギーを補充するやり方の欠点にも気がついたと思います。

そうした障害物をどけたので、これから私たちは、子どもにとって大切なものとの別れに伴う痛みや未完のコミュニケーションを完結へと導く考え方と行動に関して話をすすめましょう。

# パート3　未完から完結への道

## 完結とは何か

　完結とは、変わってしまったか終わってしまった関係に伴う、伝えられなかった感情を発見し、直接的に、あるいは間接的にコミュニケートして、その感情に対処することです。

　死、離婚、あるいは他の大きな変化は、人や動物、場所、あるいは物との間に様々な感情を抱かせますが、それらが伝えられなかった場合、コミュニケーションは未完のままになり、それに伴う様々な感情を残したままになっています。それらが地雷になる危険性があることはお伝えしました。

　そして、未完の感情は、封じたままでは完結に行きつきません。

　私たちの考え方や感情、そして意見はつねに変わります。それゆえ、私たちの関係もつねに変わるのです。関係のどの要素が未完であるかを探しだすには、関係を見直すことが必要になります。関係の見直しは、未完の感情を完結へと導く、最初の行動になります。

# 第12章　関係性の見直し

## 関係性の見直しは自動的に起こる

だれかとの関係が、何かが起きて大きく変わった時、私たちは、自然に関係を見直すという作業をしています。

それはどういうことかと言いますと、死や離婚、引っ越しでその人と別れなければならなくなったとき、その人との関係がどういうものであったかを思いだし、別れを惜しんだり、悲しみを感じたり、さまざまな感情がわき上がります。喪失が起きたとき、関係を見直さないのは不可能なことなのです。関係の記憶が甦《よみがえ》るのは喪失のすぐ後で、そのときがもっとも見直しやすく、正確で、しかも感情は激しいものです。関係を振り返ることはだれにとっても自然な反応で、それは自動的に起こります。大人と子どもで違うことがあるとしたら、関係が存在した期間の長短と、大人は考えや感情のコミュニケーション能力がより進んでいるということです。子どもによっては、過去を振り返っていることを意識しますが、そうでない子もいます。

とくに家族の死の場合、家族は、これといって何もしないうちに、亡くなった家族について語りはじめます。一人ひとりがそれぞれ、亡くなった人との関係について、思い出深い出来事を話し、多くの場合、そうした話は家族全体でわかちあいます。いくつかの話は、他の家族によっては意外なものだったりすることもあります。子どもが話すことは概《おおむ》ね、亡くなった人との個人的なつながりについてです。

こうしたことが、「関係の見直し」です。これは、喪失後の正常で、自然で、健康的な作業であり、むしろ勧められるべきことです。私たちはみなさんに、こうした家族での会話に子どもたちを参加させることを強く勧めます。肯定的であれ否定的であれ、その人との関係で子どもたちに影響を与えた様々な記憶に、驚いたり、発見したり、受け止めたりすることが必要なのです。

ただし、関係の見直しは、完結ではありません。完結するためには行動が必要です。しかしながら、喪失に続いて語られる記憶が、子どもが「ちがった」「よりよい」「もっと」と望んでいるものを見つけるのに大きな助けになること、「実現しなかった希望や夢、期待」が含まれているかもしれないので、十分注意深く接してください。ここでの発見は、未完の感情を完結させるのに役立つにちがいないからです。

## 選択をするのは悲しむ本人である

子どもの喪失体験による心の痛みを「完結」に導くのを助けるために、いくつかの行動のアウトラインで示していくことにします。しかし、その前に明確にしておかなければならないことがあります。この本の初めに私たちが言ったこと思い出してください。

「喪失や悲しみからの回復は、悲しんでいる人によって選択される、小さな、積み重なった行動の連続でなされるものである」

このもっとも重要な部分は、「行動の選択は悲しんでいる人によってなされる」ということです。子どもが悲しんでいる場合も、もちろん同じです。選択は、親や保護者によってなされるのではありません。みなさんは、子どもに回復を押しつけることはできないのです。私たちは、善意の人たちが、悲しんでいる人たちに、彼らが考えたベストだと思うことを押しつけたときに、あまりにも多く悪い結末を招くのを見てきました。

私たち三人は、それぞれの人生での喪失体験と、異なった種類の喪失の扱い方を学んだことで得た、考え方や哲学を分かち合ってきました。私たちは、自分たちにできたことなら、読者のあなた方にもできる、と確信しています。ですから、まずは、そのやり方をみなさんが体験する必要があります。そうすれば、みなさんが子どもたちに示す選択肢を、子どもたちは安心して選ぶことができるからです。忘れないでください。私たちはみなさんに、「もし、スキューバダイビングの練習をするとしたら、今までに一度もスキューバダイビングをしたことのない人から教えてもらいますか」という質問をしましたね。

私たちはまた、みなさんが親として、あるいは保護者として、子どものことをもっともよく知っているということを確認したいと思います。一人ひとりの子どもは、それぞれ特有のコミュニケーションスキルを持っていることをご存じでしょう。そのなかには、自分の考えと感情を確認するのに、より多くの援助を必要とする子どももいるはずです。私たちは、あらゆる喪失と、すべての年齢の子どもたちに効果的であると証明されている普遍的なガイドラインを提供しますが、みなさんが、それを、それぞれの子どもたちの成長度、理解力、各自のコミュニケーションスキルに合わせて使っていくのです。

子どもたちは、それぞれ固有で独自の、人や動物、物とのコミュニケーションを持っています。みなさんは、子どもたちが亡くなった人や動物と持っていたつながりの中で、未完のコミュニケーションから起こる感情を見つける手助けをしなければなりません。死以外の喪失については、子どもたちとの関係がどうだったかによって行動が決まることを十分に注意してください。

みなさんが十分注意しなくてはならないのは、子どもたちの心に入りこんで、大人であるみなさんの解釈を子どもの心に植えつけてはならない、ということです。子どもは、まだ若く感受性が強いので、みなさんが語ったことを受け入れ、彼らにとって何が真実かを見つけられなくなる傾向があることを忘れないでください。

## まず自分について最初に話す

子どもが関係性を見直すのを助けるのに、完璧な、あるいは正確な時期や場所というものはありません。それぞれの子どもたちに、同じ時期や場所は設定できません。

みなさんの中には、自然に子どもと過去を振り返り、子どもに感情を語るようにすすめ、勇気づけている人もいるでしょう。また、古い考え方をそのまま使っている人もいるかもしれません。

多くの子どもたちは、みなさんのする例にならいます。もしみなさんが、みなさんの関係性に関して心を開いて正直に話せば、子どもたちもまた同じようにします。もしみなさんが、喪失に伴う正常で広範な感情を受け入れれば、子どもたちもそのようにします。もしみなさんが、たとえある時期だけであったとしても、人間にありがちな誤った感情を持っていたことを喪失の対象となる人間や動物に謝罪しなければ、子どもたちはそうした感情は異常で欠陥があるものだというメッセージを受け取れないでしょう。

直接的で、詮索《せんさく》的な質問は、子どもたちがどう感じているかを話しにくくさせます。もし、「おばあちゃんのことを、まだずっと考えているの？」と尋ねて、子どもが答えなかったら、答えられない責任はあなたにあります。尋ね方が悪かったのです。または、もっとも簡単な言葉で、「いいえ」と子どもたちは返事をするはずです。なぜなら、子どもたちは、自分の抱えている感情を批判され、良い、悪いと審判されることを恐れているからです。

最初の神話を思いだしましょう。「悲しんではいけない」というものです。この神話には、私たちが悲しむことは、あるいはまた、その悲しみがほんの一瞬でなくしばらく続くようなら、私たちのどこかに欠陥がある、という意味が含まれています。私たちは、悲しむべきではない、と教えられてきました。そして、悲しんでいるときは、自分の部屋に行かなければならないと。私たちは、悲しむことは悪いことである、そして、さらに悪いことには、人前で悲しむことは安全でないという考え方を記憶し、習慣にしてきたのです。

子どもに何が起きているのかを発見するもっともいい方法は、親（大人）が、自分について最初に話すことだとよく言われます。たとえば、

「お母さん（お父さん）は、おばあちゃんが亡くなってからずっと、おばあちゃんの家に行った時のことを思い出しているんだよ。いつもおばあちゃんは、私たちのためにケーキやパイを作って待っていてくれたのに、あの日は作ってなかったね。きっと、私たちが来ることを忘れてしまったのか、かなり具合が悪かったんだろうね」

こんなふうに話しだしたら、子どもにとっても、祖母との関係で体験したことを話しだすきっかけになるはずです。

痛みを伴う感情を過小評価するのが私たちの文化の性質ですから、子どもたちは、悲しい感情をそのま

ま正直に話すと、批判され、審判され、けなされると学んでしまっています。みなさんがそうしてきたと言っているのではなく、痛みの感情の否認は、私たちの社会すべてに浸透しているということです。

みなさんの子どもさんですら、すでに周囲の影響を受けているのです。ですから、祖母が亡くなってからどんな感じがして、何を考えてきたかを尋ねられると、子どもたちは、考えていることや感じていることがまちがっているといわれるかもしれないという恐れを抱き、真実を隠すかもしれません。そのとき、みなさんが自分がどう感じているかを話しはじめたら、子どもたちは恐れの感情を取りのぞくことができるでしょう。

また、みなさんの話の中に、情緒的な言葉や語句を入れるのもとてもよいことです。みなさんが情緒的な言葉を使えば、子どもたちに、感じていることをそのまま話すことは安全なのだ、と伝えることになります。

先ほどの「おばあちゃんが亡くなってから〜」の話の後に、さらに「おばあちゃんに会いたいけど、もう会えないんだね。とても悲しいね」とつけ加えるのです。

覚えておいてください。みなさんは、ガイドなのです。

# 第13章　未完の感情とは何か

## 幼い子どもは真実をとらえている～さようなら、ハムスターくん

私たちがみなさんに紹介するよい例は、実話に基づくものです。

以下の物語は、ペットの死に伴って起きたものです。ある年齢になるまでは、子どもたちは喪失体験に完全に反応します。完全に、という意味は、その年齢の子どもたちは、すべてのいかなる感情でも、そのまま表現するということです。この自然の力を手放し始める年齢は、およそ三歳～七歳の間ですが、子どもによって異なります。

数年前に友人から電話をもらいました。四歳の息子のペットのハムスターが死んで、母親である彼女は、息子がペットを失った感情を受け止められるかどうか、とても不安に思っているということでした。

私たちはすぐ、それほど大変な思いをしないですむはずだ、と答えました。なぜなら、四歳という年齢は概ね、まだ喪失への対応の仕方を扱う誤ったメッセージにさらされている年齢ではないからです。

私たちは、彼女に、息子をよく観察するように勧めました。そしてもし何か問題があったら、すぐ電話をするように言いました。驚いたことに、一時間後に彼女から電話が来ました。

彼女は、息子の部屋のドアを開けたままにして、見守っていました。彼は死んだハムスターを見ながら、目に涙をいっぱい浮かべてハムスターに話しかけました。

「ハムスターくん、きみはとてもすてきなハムスターだったよ。ぼくが、ケージのそうじをさぼったことがあったね。ごめんね。その時、きみがかんだから、ぼくは怒った。でも、もういいよ。きみが病気になったり、死んだりしてほしくなかったんだ。もっときみと遊びたかった。きみが大好きだよ、それに、きみがぼくのことを大好きだったのも知っているよ。さようなら、ハムスターくん」

そして彼はケージから離れていきました。

その後、息子と両親、そして七歳の姉は、小さな儀式を行いました。ハムスターを靴の入っていた箱に入れ、彼と彼の姉が書いた何枚かの絵とともに裏庭に埋葬しました。母親は、その子が自分の部屋で言った言葉を何回でも繰り返して言っていいと言いました。

「さようなら、ハムスターくん」と、数週間、息子は毎日裏庭でハムスターに話しかけました。

そして二か月後、その子は母のところに行って、別のハムスターを飼いたいと思っている、と言いました。彼女は、それはいい考えだと言いました。新しいハムスターがやってきたとき、最初に彼がしたのは、新しいハムスターに死んでしまったハムスターの話をすることでした。

そしてまた、前と同じように、「いい友だちになろうね」と言いました。

子どもは、そのままにしておけば、とてもすばらしいもの。

それなのに時々私たちは、子どもを導くことよりも、従わせるほうがいいことだと考えてしまいます。

この物語の小さな男の子は、こうしなさいとは言われなくても、関係性の見直しをちゃんとしました。それは自然なことだからです。死を認識すると、人間は自動的に過去を振り返るものなのです。この四歳の子は過去を振り返り、ペットについての彼の考えと感情と対話をするという本能的な反応をしました。もう少し年齢が上の子どもたちなら、より幅広い記憶を持っているでしょうし、また語る際にも、より複雑な方法をとるかもしれません。

## すべての悲しみは一〇〇%の経験である

私たちは、ペットの死の物語から始めましたが、それはしばしば子どもたちに起きる喪失で、子どもたちに大きな影響を与える出来事だからです。しかし、私たちは、喪失を比べたりはしません。私たちは決して動物の死に、親や祖父母、あるいは他の人の死よりも大きな力点を置いているわけではありません。すべての喪失は一〇〇%の経験なのです。そして、それぞれの喪失は、関係の特殊性に基づいて強さのレベルが左右されます。

## ペットの死

ペットの死は、子どもにはかなりの情緒的な痛みとなりえます。もし、みなさんがこの本を読む理由が、子どものペットの犬や猫の死であったなら、みなさん自身もその動物とかなり強い情緒的なつながりがあったはずです。一方で、ハムスターやカメ、あるいは他のかごに入れられた動物で、子ども部屋の中で飼われていたとしたら、みなさんとその動物との関係は最小限だったかもしれません。

みなさんと動物との関係性が鍵となるわけではなく、みなさんの子ども時代の同じような出来事についての記憶が助けになるはずです。みなさんには、子どもの時、飼っていたペットが死んでしまったという経験はありませんか。もしあるなら、その時どう感じたかを思い出してみましょう。そうすることで、みなさんの子どもが経験している、自分が動物と「つながっている感覚」がわかるはずです。

もしみなさんが子どもの時にペットの死を経験していなかったら、どのようなことでもいいですから、今までに経験した悲しい出来事を思いだしてください。たとえその喪失が物、たとえばテディベアや野球のバットであっても、子どもにとっては大きな混乱を招きます。あなたの悲しみと痛みを伴う記憶は、自分の感情に触れる助けになり、また子どもたちを導く助けになります。

子どもたちと動物とは非常に強い結びつきがあり、無条件の関係であることが多いものです。子どもたちは動物に対してあらゆる考えや感情、そして満たされない欲求を話します。動物たちは無条件で、信頼できる親友になるのです。

ペットの死は、とくに子どもの出会う最初の死である場合、何でもいつかはいなくなってしまい、決してもどってはこない、という痛みを伴う死の現実を感じさせます。死の普遍性は、子どもにとって痛みを伴う事実となります。親や保護者として、このことを覚えておくことが必要です。実際の死の痛みに加えて、死という事実は子どもたちに大きな感情面での反応を起こします。そしてそのことは、子どもたちにとっては正常なものであることを知っていてください。

ここまで私たちが記してきたことは、すべて意味のあることです。ここに質問があります。「すべての生きものは死ぬものである、というのは本当ですか？」。答えは、「はい」です。

もう一つ質問があります。「子どものペットの死への反応に対して、すべての生きものは結局は死ぬ、という事実を伝えながら、子どもの感情に焦点を当てるというのは、子どもの助けになりますか?」。答えは「いいえ」です。

ペットの死は、子どもに激しい情緒的な反応を引き起こします。すべての生きものは死ぬ、という事実は知的には正しいことですが、しかし、子どもの情緒にとって助けにはなりません。少なくとも痛みを感じている時点では……。実際に、「すべての生きものは死ぬ」という言い方は、神話の一つを短くしたものと同じです。「悲しんではいけない、すべての存在は死んでいくのだから」。

ペットの死を悲しんでいる子どもに、こうしたことをいうのが助けになると思いますか。子どもが友だちと思っていたペットの死に対する感情的な反応は、正常で、自然なものだということを、まず受け入れることが大切です。「悲しむべきではない」という言い方や、そうした含みのある言葉は、子ども自身の自然な反応に葛藤を持たせてしまいます。ですから、みなさんのごく最初の仕事は、「悲しんではいけない」と言ってしまいそうな反応を抑えることです。この本の初めの部分で、私たちは愛する人を慰め、励ます自然な欲求について話しました。男の子であれ女の子であれ、自分の感じ方をそう感じてはいけない、と言われることとは、慰めにも励ましにもならず、ただ混乱させるだけなのです。

みなさんは、すべての生き物は死ぬ、という事実について話す適切な時間と場所があるかどうか考えておいでだと思います。実際、みなさんの多くが、おそらくそうした会話を子どもたちとすでにしているのではないでしょうか。まだしていない人は、この本の第30章を読んでください。

しかしながら、大人であれ子どもであれ、死によって感情面に影響を受けたときの典型的な反応が、「なぜ?」なのです。でもこれは、決して知的な質問ではなく、むしろ感情的な悲嘆です。私たちのだれ一人として、愛する人を失いたくありません。そして、それが起きてしまったら、「なぜ死んでしまったの?」と思わず聞きたくなるのです。

この、子どもの感情的な悲嘆の言葉「なぜ?」にきちんと応答することは、子どもの助けになり、子どもが支えられていると感ずることになります。あなたが、「なぜかって? わからないけど、でも、犬のフィドーが死んじゃったのはとても悲しいことよね」というように応答したら、この答えが質問を認め、そして同時に、子どもに感情を思いださせるかがおわかりいただけますか。

もし子どもが、本当に科学的な説明を求めているとしたら、それを明確にすることはできます。けれど、みなさんが自動的に知的な説明のほうに行くなら、それはみなさんが子どもであった時に聞いたことと同じになり、まちがった神話を繰り返すことになります。ペットの死は、最初に、そしてもっとも重要なことは、子どもたちにとって感情面での出来事であることです。子どもたちの主な反応は、彼らが経験している痛みの感情です。みなさんの仕事は、そうした感情の真実を認め、受け入れながら、子どもたちに教え、援助することです。みなさんが子どもたちの感情を知的な理解の方向へシフトしてしまうと、善意のつもりでもあだとなってしまいます。

みなさんの話に戻りましょう。もしみなさんが子どもの時にペットを亡くしたことがあるとしたら、おそらくそのことがどれほどみなさんに影響があったかを覚えているはずです。その経験は、子どもに教える際の強力な助けとなるにちがいありません。もしみなさんが、自分の子どもたちにこう言えたらどうかを想像してみてください。

「大切なフィドーが死んでしまって、とてもがっかりしているんだね。わかるよ。私も子どもだったとき、飼っていた犬が死んでしまったんだ。とても悲しかった。あの犬にもういちど会いたいよ」と。

このほんの短い簡単な言葉が、子どもたちが感じていることを話すのに、安心感をつくりだすのがおわかりいただけますか。こうした言葉が、子どもたちが本当の感情を話すことにつながります。また、こうした言葉は、問題を決して知的な方向に持っていきはしません。

みなさんは、子どもたちに、喪失によって起こる、正常で、痛みを伴う感情を話す安全性を作ることで、子どもたちの全人生にわたって起こる喪失の出来事を扱うしっかりとした基礎をつくることができるのです。しかし、私たちが示しているのは、まだ始まりにすぎません。これだけでは子どもたちの悲しみはおさまらず、未完のコミュニケーションに伴う様々な感情を完結させはしないでしょう。

次にすすむ前に、もう一度私たちの悲しみの定義を繰り返します。

「悲しみとは、なじんだ行動パターンの変化や終了に基づく感情的な葛藤である」

ペットの死後、数日あるいは数週間、ペットがいないことを常に思い出すもの、たとえば空になったエサ入れやペットの足音のような音が、愛していた友だちがもはやそこにはいないというつらい現実とつながります。喪失にともなう感情は、死んだ日にだけ限られるものではありません。感情は、葬儀、埋葬、あるいは追悼式の後も終わりはしないのです。感情は続くのです。

ペットが死んでからしばらく時間が経過していても、ペットとの関係性を見直すことを、子どもに提案して遅すぎるということはありません。死はそれ自身、自然に起こる振り返りのプロセスをつくり出す、という考え方を受け入れられるのでしたら、みなさんの子どもの心の中ですでに出てきている記憶を肯定的に使わなければ意味がありません。

## ばらばらな記憶に混乱する

人や出来事との関係の振り返りは、きちんと整理されて行われるとはかぎりません。順を追って一歩一歩進むという流れにはなりにくいのです。子どもたちが、出来事に関して幅広く変化に富んだばらばらな記憶を持つのはよくあることです。出来事のいくつかは、痛みを伴うつらい記憶を呼び起こす一方、甘い記憶を呼び起こします。亡くなった人や動物との関係に結合した、この正反対に見えるあれこれの感情に、子どもはとても混乱するにちがいありません。

そのとき、みなさんの仕事の一つは、肯定的な記憶や感情を持つことも、否定的な記憶や感情を持つことも、いずれも正常なのだということを子どもが理解できるようにすることです。

みなさんは、子どもたちが関係性を振り返るのを助けるとき、子どもが心にわいてくるいくつもの出来事を思い出すまま、あれこれ考えては話すことを心配しないでください。いつ起きたことなのかが明確でなくても、子どもが思い出している、という事実を認めることが重要です。必要になったら、後でそれらの出来事を取り上げるときがくるでしょう。

# 第14章　子どもの関係性の見直しを助ける

すべての関係性は、一番初めの部分から始まります。しかし、それは出会ったときから始まる、という意味ではありません。

子どもとペットの初めの部分とは、動物を飼うことになったとき、どのようにペットを選んだかから始まるのです。子どもの心には、ペットとどのようなつながりが持てるかの希望と期待が作り上げられます。みなさんの子どもを援助するとき、この部分を忘れないでください。時には、ペットを探すプロセスがどのように展開したかに主要な感情が存在します。

子どもたちはしばしば、ペットを飼うことを認めてもらうために、長い間親にお願いをしたり、ペットの世話をするという約束を繰り返さなければなりません。場合によっては、こういうことが、ペットが死んでから、子どもたちがどれほどペットをほしかったかを思い出させる、隠された重要な情緒的な要素になるかもしれません。

子どもにとって、そしてみなさんにとっても同じだと思いますが、初めてその動物を見たときというのは、特別な経験をします。その瞬間は、その動物が目や体から何かオーラを発しているようにも感じ、決定的な瞬間になります。動物との最初の出会いで、何も感じない人はおそらくいないでしょう。

私たちは、ペットをなくして悲しむ人たちから、何千という相談の電話をもらいます。愛する動物に何が起きたかを話しはじめると、ほとんどの人が泣きはじめます。適切な時に、私たちは尋ねます。最初にペットと出会ったときのことを。そして、そのときの話を始めると、みなさんの声が変わります。最初に出会ったときの記憶は、その方々に悲しみの涙を浮かべさせはしますが、同時に笑みを生む力もあるのです。これはとても重要なことだと確信してください。情緒的な金鉱（宝の山）にちがいありません。

子どもたちがペットと出会ったときのはっきりした記憶がないのは、例外かもしれません。ジョンの犬のペギーのことを思い出してください。ジョンが生まれたとき、すでにペギーは六歳でしたね。彼はペギーにあった時のことを本当に思い出すことはできません。

ペットとの関係の初めの日々は、肯定的な、そして否定的な両方の出来事がいっぱいで、両方ともパワフルな情緒的な記憶を導き出します。赤ちゃんの動物は、しばしば母親や兄弟から引き離され、おそらく一晩中鳴きます。こういうことは正常ではあっても、子どもは、家族を一晩中起こしたままにしていると、ペットを取り上げられてしまうのではないかと心配します。家具を壊す、かじる、ひっかく、そしてその他のなんであれ、家族に迷惑をかけるような行動は、子どもにも親にも感情を呼び起こさせます。

トレーニングのプロセスは、とくに犬の場合、感情的になるような出来事だらけです。あるものはとても滑稽《こっけい》で、いくつかは怒りや失望感を招き、あるものはとても危険な行動をします。

ペットを家の中で飼うのか、家の外で自由に動き回らせて飼うのかの決定は、喪失につながる子どもたちの感情の強い部分となるはずです。ペットが道路で車にひき殺されるというのは、決してまれなことではありません。猫や小さな犬は、その他の野生動物によって殺されることもあります。また、毒物によって時ならぬ死に方をしたり、虫にさされて病気になったりもします。もしみなさんの子どものペットが家の外で飼っていた結果死んでしまうと、そうした環境に伴う感情が生まれるかもしれません。

私たちは、子どもの感情が含まれるすべての領域について手引きをしますが、ここで論議していることについて子どもが感情を持っているとしても、そのことを良い、悪いという判断をしないでください。みなさんの第一の仕事は、子どもがペットとの関係で持つどのような感情であれ、すべての感情を表現する安全性をつくりだすことです。

私たちは、ペットの先祖が室内飼いのしつけができた動物ではなかったことを忘れがちです。ペットであってもごみ箱に穴をあけたりして、野性的なものを感じさせます。ペットのしつけに関する出来事の記憶は、子どもに忘れられない感情を残すでしょう。子どもたちにとっては、痛みや驚きを伴う感情でもあるかもしれませんが、ペットとのつながりのすべての感情を認めるのは、とても大切なことです。

みなさんの仕事は、必要なら、子どもたちの反応をもっともよく表現する感情を発見することと、それを記憶することを助けることです。

たとえば、私たちの友人の一人は、飼っていた犬がゴミ箱に入りこみ、足を缶詰の缶で切ってしまうという出来事を体験しました。友人は、娘さんがどれほど犬のことを心配していたか、そして獣医師のところへの行くのにどれほど心臓がどきどきして不安だったかを話してくれました。獣医師のところに行った後、何も心配がないことがわかった時、どれほど子どもがほっとしたかを思い出しました。

みなさんは、「心配した、不安だった、ほっとした」という言葉がどのように使われたか、気がつきましたか？　これらはすべて子どもの情緒にかかわる言葉です。

## いっしょに寝るか、寝ないか

多くの子どもたちは、動物といっしょに寝たいと願います。親によっては認める場合も、また認めない場合もあります。認められたなら、子どもたちは、ベッドでのペットといっしょの時間に、さらに情緒的な反応を持つにちがいありません。家庭によっては、動物なしでの新しい生活に慣れるために、しばらくの間、就寝の時間に子どもによりそって寝なければならないかもしれません。

子どもとペットとの日常的なつながりは感情を生み出します。エサやり、散歩、遊び、身づくろいなどは、子どもとペットとの日常的な結びつきのほんの一部でしかありません。こうして時間をかけて日常的に作り上げた子どもとペットとの関係が終了してしまうことは、強く大きな痛みとなります。

## やかんの話を思い出す

ペットとの関係を子どもたちが思い出すのを助けるとき、ペットが長い間病気をしていた場合には、病気の始まりの詳細、治療、そして薬さえもとても重要です。時には、獣医師に受診し、ガンなのかその他の病気なのかの診断を受けたりしますが、そうしたことはとても強い記憶となるでしょう。

大人にはたいしたことではない、あるいはあまり思い出したくない記憶でも、見落とさないでください。子どもの感情が湧き出るどのようなことも見つけて話し合うようにしてください。

やかんの話を前にしましたが、子どもの体はペットの死によって生み出されたエネルギーを解放したいのです。後で、情緒的エネルギーを含むチェックリストを紹介し、説明します。

子どもたちがペットの死への反応として持つ感情に対して、「感じるべきではない、表現すべきではない」、あるいは「ペットのことを考えたりすべきではない」と子どもに言うという、悲劇的なまちがいをしないでください。もしみなさんがそうすると、子どもたちに、いつか爆発する、あるいは、内部崩壊する原因になる考え方をしみこませるリスクを高めてしまいます。

死んだペットとの関係で、子どもたちが記憶している出来事が何であるかを推測する方法はありません。もしみなさんが二人以上のお子さんをお持ちなら、一人ひとりが異なった出来事に情緒的な価値を置いているのをご存じのはずです。そしてみなさん自身、ペットについて子どもとは異なった記憶を持っていると思います。

ここで留意しておいていただきたいことは、記憶と感情は、個々の子ども自身によって発見されなければならない特別のものであるということです。みなさん自身のペットとの関係と記憶に基づいた考えを、子どもに植えつけないように十分注意しなければなりません。注意すれば、子どもたちに誤った影響を与える失敗をしないですみます。

これは少し手際を要することです。注意して始めてください。

# 第15章　情緒的エネルギーのチェックリスト

## 子どもたちとペット～出来事と感情を振り返る

すべての喪失は情緒的なエネルギーを生み出します。すべての喪失は、子どもたちに、終わってしまったり変わってしまった関係の見直しをさせます。自然に起きる見直しは、子どもたちが記憶していることがもとになります。記憶していることのいくつかは、幸せなことに関連していますが、いくつかの記憶は、悲しいことと関連しています。記憶によっては、あまり感情が含まれていないこともあります。それらは子どもたちが単に記憶しているというだけのことです。ペットの死は振り返りの自然なプロセスを引き起こしますが、同じように人の死や引っ越し、離婚、卒業その他の喪失の際にも引き起こされます。

ハムスターが死んでしまった小さな男の子のように、すべての子どもたちが数行の文章の中にきちんと彼らの記憶を入れられるわけではありません。そしてすべての記憶を、子どもたちが一度に思い出せるものでもありません。少し大きくなった子どもたちは、ペットとの関係をもう少し長く、深く持っていて、関係性ももう少し複雑であるはずです。そしてもう少し見つけたいことも言いたいこともあるにちがいありません。

前節で話したリストを用意しました。このリストは、子どもたちとペットとの関係で、肯定的、否定的両方の感情の記憶を生み出す対象範囲を示しています。私たちはこれを「情緒的エネルギーリスト」と呼んでいます。このリストは、子どもがペットの死によってもたらされた感情を見つけ、話し合う時に使います。子どもと感情について話し合う時に、印刷したリストを手に持って、というのは、やりにくいかもしれません。その場合、リストを何度か読み、いったんおいて、そのうえで子どもと話すのがよいかもしれません。子どもとの話が終りに近づいたら、リストの内容の何かを落としていないかをチェックしてください。

年齢と成長の度合いによりますが、みなさんの接する子どもたちは、おそらくいくつかのカテゴリーに関連した考えと感情とを持っているはずです。私たちは、さまざまな可能性を含んだリストを作りました。このリストは、単なるガイドです。すべてのカテゴリーに当てはまる記憶を、子どもたちが持っているとは考えないでください。

このリストは、すべての年齢の子どもたちに意味があります。しかし、子どもたちがまだ話す気持ちになっていない範囲のものも入っています。みなさんは、何が子どものために適切で、何が適切ではないかの判断をすることになります。

死に関するぞっとするような詳細は、大人でも子どもでも扱いにくいものです。子どもたちの興味と疑問次第で、どのくらいまで追求するかが決まります。みなさんはすでに子どもたちの言葉や理解力がどの程度のものかを知っているはずです。みなさんの仕事は、ペットの死への反応を経験している子どもたちの感情を引き出す援助をするのだということを忘れないでください。

子どもによっては、何年も前の鮮明な記憶を持っています。子どもたちと話をしていると、みなさんも自分が子どもの時に飼っていたペットのことも記憶していることに気づくはずです。

また、亡くなった人や、もはやみなさんの前にはいなくなった人たちのことも思い出すはずです。みなさんが自分の感情を呼びおこすことは問題ありません。子どもたちに、みなさんも人間なのだ、ということを見せましょう。

私たちは、このリストはすべての年齢の子どものためのものだと言いました。小さい子は、このリストにあげたことに対する、言葉の説明が必要だと思います。大きい子どもは、小さな子のような言葉の助けはきっと希望しないでしょうし、必要ないかもしれません。リストを読んで聞かせるか見せるかして、子どもたちに考えさせましょう。みなさんは、子どもたちに「少しして思いだしてから話しにきてもいい」と言ってかまいません。子どもによっては、友人のだれかや他の人に話そうとすることもあります。それも心配ありません。

少なくとも、みなさんは子どもたちがとるべき行動のために種をまこうとしているのです。みなさんは、馬を水辺に連れていき、水を見せ、どうやって水ができているのか説明するのです。けれど小さな馬は、水を飲む気かどうかは自分で決めるのです。あまり押しつけないように注意しましょう。

どうか子どもに代わって急がないでください。そして、急いでさせようともしないでください。

死による情緒的な傷は、時間の経過だけでは癒されません。私たちは、子ども一人ひとりが自分のペースを見つけるのを認めなければなりません。私たちの主な仕事は、子どもたちに健康な選択肢と自由と必要なサポートを与えることなのです。

## 情緒的エネルギーのチェックリスト～ペットの死

チェックリストを紹介するにあたって、その使い方に関して強く要望したいことがあります。リストは単なるガイドです。子どもが情緒的なエネルギーを生み出すような出来事を思い出せるように、みなさんが援助するときの助けです。このリストができてから、子どもたちがそれぞれのカテゴリーのエネルギーを蓄積したままにしたり、伝えられなかった未完のコミュニケーションをそのままにしておくことはなくなりました。実際には、子どもたちが話したいと思い、話す必要のあることが含まれるのは、ほんの二、三のカテゴリーだけになるはずです。

もう一つ重要なことは、このリストを子どもたちがペットとの関係を振り返るのを助けるための一つの方法として使うことです。

みなさんが子どもたちと話をするとき、このリストを手にしていれば大きな助けになるでしょう。このリストの最後の部分に、みなさんは記録をすることができます。大きな子どもには、自分で記録を書かせてもかまいません。（リストはコピーして使って下さい）

☆はじめの頃

□ペットを飼うことを認めてもらう
□ペットの面倒を見て、エサをやる約束をする
□ペットとのつながりに対する希望、夢、期待

□計画を立て、飼いたいペットを探し、見つける
□最初の不思議な体験、あるいは、はっきりした記憶
□ペットに名前をつける
□初期の心の傷となる出来事／□家に侵入する　□一晩中鳴く、吠える
□家具をひっかいて傷をつける、穴を掘る
□初期の喜び／□鼻をすりよせる／□遊ぶ
□ベッドでいっしょに寝る、寝ない
□エサをやるのを忘れる、掃除を忘れる
□テーブル・マナー／人間の食べ物を食べる、ねだる
□信頼感のある結びつき／□親友、秘密がない
□逃げてしまう／□いなくなってしまう　□戻ってくる
□家の中　□家の外　□死に関する可能性のある痛みの原因
□ほかの動物と闘う、庭を守る
□公園で過ごす時間
□自宅に来た訪問者との友好関係あるいは、非友好的態度
□獣医師を訪ねる

### ☆長期間の病気

□病気になる／診断、治療、投薬

□痛みと病気をそばで見ているやるせなさ
□動物を永遠に眠らせてしまうかどうかの決断
□最後の日の感情
□事故やその他の突然の死
□何があったのか
□子どもが見つけたことは？
□子どもが事故を見たか、あるいは結果は？
□葬儀
□残されたものの処分
□死の後の数日、あるいは数週間

子どもとこうした会話をした後、あなたは何かを書きとめておきたいと思うにちがいありません。ペットとの関係のある部分の感情を表現し、完結させるのを助ける際、後で使うことができるはずです。

☆記録

# 第16章　回復のための4つの要素

## 完結へのステップ

私たちは、この本のパート3を次のような言葉で始めました。

「完結とは、変わってしまったか終わってしまった関係に伴う、伝えられなかった感情を発見し、直接的に、あるいは間接的にコミュニケートして、その感情に対処することです」

関係性の見直し（振り返り）は、自分の思っていたのとは違う形で終わってしまったこと、よりよくあってほしかったこと、あるいはもっと多くあってほしかったことを思いおこし、子どもたちが本当に望んでいることを発見するのに役立ちます。見直しはまた、将来についての実現しなかった夢や希望、そして期待を明らかにします。子どもたちは、彼らが言ったことやしたこと、あるいは、言わなかったことやしなかったことで、今こうしたいと思っていることを見つけます。しかしながら、伝えられなかったことや言えなかったことに気づくだけでは、子どもたちの感情は完結までは行きつきません。

未完の感情の部分の覆いを取りさった後、伝えられなかった感情が伝えられるまでに、もう一つのステップがあります。子どもたちは、四つの感情のカテゴリーを進まなければなりません。それが完結へと導きます。
そのカテゴリーとは、「謝罪」、「許し」、「情緒的に重要な言葉」、「楽しい思い出」です。多分「謝罪する（謝る）」ことと、「許す」ことは、感情に自然に結びつくでしょう。このなかでもっとも核になるのは、三つ目の「情緒的に重要な言葉」です。四つ目の「楽しい思い出」は、とくに子どもたちには助けになります。それは、「ありがとう」と言うことと、多くの肯定的なものに対して「感謝する」ことだからです。

四歳の男の子が、ハムスターを亡くした話に戻ります。その子がなんと言ったか覚えていますか。

「ケージのそうじをさぼったことがあったね。ごめんね。その時、きみがかんだから、ぼくは怒った。でも、もういいよ。もっときみと遊びたかった。きみが大好きだよ、それに、きみがぼくのことを大好きだったのも知っているよ」

ハムスターへの子どもの言葉の中に、「謝罪」が含まれているのがわかりますね。この子が謝ったという事実は、もうそれでその子が悲しくはない、という意味ではありません。また、その出来事をもう考えることもないだろう、ということでもありません。それまで伝えられなかった情緒的な言葉を見つけ、伝えた、という意味です。

私たちは、人生には先がある、過ぎ去ったことは悔やんでも始まらない（覆水盆《ふくすいぼん》に返らず）と、社会の中で学んできました。こうした考え方を基盤にしているため、だれかが亡くなった後、何らかのコミュニケーションをその亡くなった人との間で持つことの重要性や意味を理解するのはむずかしいのです。

じつは、その子がハムスターに謝るというのは、その子にとって、とても意味のあることです。常識で考えれば、ハムスターはその子のお詫びの言葉を聞くことはできません。ハムスターがまだ生きているうちに「ごめんなさい」と言ったとしても、ハムスターがその言葉を理解することはなかったはずだ、ということも事実です。

では、だれのための謝罪なのでしょう。死、という事実がある状況では、謝罪は、謝罪している人のためなのです。もし愛する人がほんの一瞬でも生きかえるとしたら、みなさんは何と言いますか？「大好きだよ」とか、「会いたかったよ」に付け加えるなら、多くの人は謝罪や許しを口にするのではないでしょうか。

次の章では、四つの大切なカテゴリーについて詳しく説明します。「謝罪」、「許し」、「情緒的に重要な言葉」、そして、「楽しい思い出」の四つです。

# 第17章　謝罪する

私たちは、すでに小さな男の子とハムスターの話で、謝罪するということを述べました。ここでは、謝る、改心する、ことをくわしく考えてみたいと思います。

謝罪する、とはウェブスターの辞書の定義によれば、「後悔の気持ちの表現がこめられた、過失、または非礼の容認（承認）」とされています。「ハムスターくん、ケージのそうじをしなかったことがあったね。ごめんね」というように。

謝罪は、子どもの犯した過ちが、実際にされたことであっても、されなかったことであっても必要です。子どもたちは、時として人を傷つけることを言ったり、やったりします。子どもたちは言おうとしたか、しようとしたことのために謝罪する必要があります。

## 生存している人への謝罪

傷つけてしまった相手への謝罪は、顔と顔を合わせて直接的にするのが最善だと思います。それが可能であり適切な場合、そうするべきです。時には、顔と顔を合わせてのお詫びが無理な場合があります。そうした場合には、手紙や電話という方法が適切でしょう。

時には、謝罪は間接的になります。たとえば、みなさんのお子さんが友だちとの会話で、「おばさんってバカなんだよ」などという失礼なことを言ったと想像してみてください。その場合、子どもがおばさんに電話をして、「ぼくは、友だちにおばさんがバカだと言いました。ごめんなさい」と言うことが適切でしょうか？　謝罪をするためには、子どもは、何も知らないおばさんを傷つけるようなことを言わなければなりません。それでも子どもは、少し気分がよくなり、謝罪をしたことで後悔の感情は完結に近づくはずです。しかし、おばさんには新たな未完の感情が作りだされます。

この場合はどうすればよいでしょうか。

生存している人に直接お詫びをすることが不適切で、相手を傷つける危険がある場合には、間接的な謝罪をします。その場合、声に出して言い、だれかがそれを聞いていることが必要です。謝罪を書きしるすこともよいでしょう。書いてから、秘密を守ってくれる安全な人の前で読むのです。

## 亡くなってしまった人への謝罪

私たちは、死や他の喪失を知った後に、自然に行われる関係性の振り返りについて述べました。死は、人と人との間の未完のコミュニケーションを完結することはありません。しかし言いかえれば、だれかが亡くなってしまっても、その事実が未完のコミュニケーションを完結する必要性をなくすわけではないのです。

二人の女性が口論をして、お互いに怒りで関係を切ってしまった話を覚えていますか？　二人のうちどちらも謝罪の電話をせず、そのうち一人が自動車事故で亡くなってしまい、残された一人は亡くなった人への謝罪の気持ちを伝えられないまま取り残されてしまいました。

だれかが亡くなった時には、すべての伝えられなかった情緒的なコミュニケーションは「間接的」になされる必要があります。それは、私たちが伝える必要のあることを直接言うことができないからです。亡くなってしまった人とはコミュニケーションがとれない、と言っているわけではありません。伝えることのできなかったコミュニケーションを完結するためには、他のだれか生きている人に聞いてもらう必要があると言っているのです。

ここにいくつかの典型的な例があります。祖父が孫の誕生日に、すてきなプレゼントをしました。父親と母親は、息子が祖父宛に感謝の手紙を書くものと思っていました。息子はしかし、手紙を書くのを忘れていて、そのうちに、祖父が亡くなってしまったのです。その子にとっての未完のコミュニケーションとは、プレゼントをもらったのに祖父に対して決してお礼を言うことができない、という事実です。

未完のコミュニケーションは、できるだけ早く間接的になされるべきなのです。息子は書くことと話すことのために助けが必要でしょう。

「おじいちゃん、誕生日のプレゼント、本当にありがとう。そして本当にごめんなさい、ありがとうって伝えられなくて」

あるいは別の例ですが、祖母が病気で入院しています。祖母の容態が相当悪いことは、孫娘に知らされていません。両親は、祖母のお見舞いに行くように娘に勧めます。娘はなにかと忙しく、病院へ行けないうちに、祖母は急変し、亡くなってしまいました。孫娘は、祖母のお見舞いに行かなかったことをとても深く後悔したまま、取り残されました。祖母の様態をくわしく知っていれば、娘は病院に行ったにちがいありません。このことで、孫娘は祖母とコミュニケーションをとる必要があるはずです。

「おばあちゃん、お見舞いに行かれなくてごめんなさい。もっとお話ししたかった。私がどんなにおばあちゃんが好きで感謝していたか、ちゃんと伝えたかった」

今示した二つの例は、謝罪はよい関係性であった相手とのことです。しかし、未完のコミュニケーションは、必ずしもよい関係性の人ではなく、見苦しく、厚かましく、失礼なコミュニケーションの場合もたくさんあるのです。そのため、謝罪は次のような感じになるでしょう。

「おじさん、ごめんなさい。本当に失礼なことをしました」

「おばさん、ごめんなさい。おばさんがころんだとき笑ってしまって」

## 人を操作するのではなく、自分の感情を完結する

簡単な言い方をすれば、謝罪とは、子どもたちがしたこと、あるいはしなかったことでだれかを傷つけてしまったことに対してなされます。謝罪の目的は、子どもたちがしてしまったこと、あるいはしなかったことを、情緒的に完結するのを助けることです。

生存している人に謝罪するときは、謝罪によってコミュニケーションと関係性が広がるという、利益が付け加わります。しかし、謝罪によって人から何かを得ようとする態度は危険なことです。謝罪の目的は、感情の完結であって、人を操ろうとする操作ではありません。だれも謝罪を受け入れなければならない義務はないのです。

子どもたちは、謝罪するだけで、感情のある部分を完結することが可能です。謝罪をした相手の反応は、その人によるものであり、謝罪をした自分のためのものではありません。

子どもたちを導くとき、謝罪は自分にとって必要なことを自分のためにするのだ、ということを忘れないでください。このことは、だれかの死に関して行われる場合、批判的になったり、一方通行になったりします。けれど、謝罪は、何も応えてくれない亡くなった人に対しても行われます。完結は、子どもたちが責任感のある行動をすることで、結果として招くものです。

## 親も謝罪すべきである

子どもは大人のまねをすることで成長します。とくに子どもは親のまねをするものです。そのため、謝罪に関しても、子どもたちが学んだものはほとんど大人たちがその背景になっています。

一般的に言って、親は子どもに対して謝ることをしません。おそらく、どのような理由にしろ、秩序を守り家庭をきちんとするために、親はしばしば「つねに正しい」という態度をとります。

私たちは統計を持ってはいませんが、親は、謝罪をするのは弱さのしるしだと誤解しているようです。しかし幸いなことに、近頃、とくに若い親たちの中には、必要な時には子どもたちに適切に謝っている親たちもいます。

実際、友人や家族に謝罪することにより、よりよい交流がなされるなら、親はこれを子どもに説明し、自分も率先することでよいお手本になるでしょう。これは喪失の後、とくに重要なことです。

私たちは言ってしまったことや、やってしまったことで悔やんでいる事実を見つけ、まずは自分が謝罪をこころみることです。もしあなたに、効果的な謝罪の仕方の基礎が身についていたなら、子どもにとっても謝罪はいっそう容易になるでしょう。

## 行動が完結を導きだす

喪失の後、関係性の見直しには、時間や日数の制限はありません。事実、みなさんは多分何年も何年もだれかの死や離婚について、同じ話を繰り返す人たちを知っているはずです。これは本来、みなさんが聞いている話は、引き続いた関係性の見直しであり、まだ何も完結していないからなのです。完結しないのは、同じ話だけが何度も何度も繰り返されているからです。

子どもたちは、この点に関して大人とさほど大きなちがいはありません。子どもたちも、完結につながる道を探しながら、何度も何度も同じ話を繰り返します。その人が生存していようが亡くなっていようが、何度も話が繰り返されるということは、注意をする必要があります。その人との関係で、完結するために謝罪する必要があるということを示しているかもしれないからです。

謝罪するということは、完結の道につながる重要な行動です。私たちは、直接であれ間接であれ、子どもたちの未完の感情を見つけ、それを伝える手伝いをしなければなりません。そのことが子どもたちを完結へと導くのです。

# 第18章　許し、ということ

ここでもう一度小さな男の子とハムスターの話に戻ります。みなさんは、この小さな子がハムスターに言った言葉の中に「許し」があったことを覚えていますか。

「その時、きみがかんだから、ぼくは怒った。でも、もういいよ」

「許し」は、どのような関係であっても、未完のコミュニケーションを完結させるために必須です。

私たちは、つねにだれかに対して、また何かに対して義務を果たすのはほとんど不可能です。なぜなら、関係性はつねに変化しているからです。私たちは、誤解とまちがった言い伝えにも感情を傷つけられたり、左右されたりします。とくに子どもたちは、周囲に軽視され、感情を傷つけられることも多いのです。子どもたちは、死に向きあったとき、往々にしてこうした傷に鋭く気がつくのです。

私たちは、四歳の男の子とハムスターとの関係で、彼の言葉の中に完全な許しの例を見ることができます。四歳の子どもの自然の知恵なのでしょう。おそらく彼は言葉もそれほどたくさんは知らないし、許しの意味すらよく理解していないはずですが、「もういいよ」という許しの言葉を述べています。「許します」という直接の言葉ではなくても、これは許しといえます。

では、許しとはなんでしょうか。私たちは年齢を重ね、多くの情報を知ることで、子どものような素朴さをなくしていきますし、社会での「許す」という概念は、実際問題として、考え方としても混乱に満ちています。私たちは、次に、許しについて、何世代にもわたって受け継がれてきた考え方の問題点を整理しました。そして、許しの意味をみなさんに提示したいと思います。

許しとは、過ぎ去ったことについて、もっとちがっていたら、あるいは、もっとましだったら、という思いをあきらめること。

許しという言葉は、世界でもっとも理解されていない言葉の一つでしょう。ほとんどの人が、「forgive（許す）」という言葉を「condone（大目に見る）」という意味に置き換えて理解しています。もしこの二つの言葉が同義語なら、許すことは不可能です。ウェブスターの辞書によれば、その違いは次のようになっています。

Forgive………自分を傷つけた人に対する憤りを感ずるのをやめること。
Condone……ささいな、害のないような、あるいは重要ではないように扱うこと。大目に見ること。

ある出来事を矮小化したり簡単に片づけてしまうことが「許す」という言葉の意味だとしたら、私たちはとうてい受け入れられません。

先に進む前に、憤《いきどお》りという言葉を定義したいと思います。それは、許しの定義の大切な側面でもあるからです。私たちの信頼できる古い辞書によると、憤り……まちがった、侮辱された、傷つけられたと感ずる持続した悪意に対する憤慨した不快な感じ。

過去に起きたできごとに鮮明に結びついたいかなる憤りも、子どもの生活全般にわたる能力に、限界と制限とを設けてしまいます。憤りを感じる人や出来事を思い出すと、感情の痛みが再現されます。回復を成功させるには、憤りをそのままにしておいてはいけません。

人々の無神経さと無意識からでる言葉、とくに虐待や拒絶などの有害な行動は、子どもたちを傷つけます。そして、子どもの中の持続した憤りと許しの暗黙の欠如は、子どもを傷つけ続けます。傷つけた人が死んでしまったと想像してみてください。子どもの持続した憤りはどうしたら解消できるでしょうか。許しの効果は、子どもを憤りから解放することです。

許しは、何世代にもわたって持ちこされてきた信念体系が持ちこまれる問題です。長く信じこんできたことですから、人によっては、許しに大きな抵抗を感じます。そのため、許しに背を向けようとします。

私たちは最近ある女性を援助しました。彼女は許しを「F（Forgive の頭文字）」と呼んでいました。彼女は次のように考えを変えることで、許しをなしとげました。

「あなたがしたことが、私を傷つけていたことに気づきました。もうこれ以上、それらの出来事の記憶で、私は傷つかないようにするつもりです」

みなさんが、子どもたちに「許すこと」を教えれば、子どもたちは再び自分がいい存在であるという感覚を取り戻すにちがいありません。許しは他人に対して何かをすることではないのです。

## 許しは行動であり、感覚ではない

多くの人たちがこう言います。「私は、彼を許せない。そんな気分になれない」私たちもこの考え方に同意します。なぜなら、この人は許すための行動をするまでは、許せる気持ちになれないからです。許しの感覚は、許すための行動の結果にのみ生まれるものです。行動が最初で、感覚がその後に伴うのです。

許しとは、子どもたちが他の人に持っている憤りを手放すことです。

「お父さんが、私のお誕生日を忘れていたことを許します」

一方では、何かをしなかったことを許す必要もあります。

「お母さんが、私の卒業式に来てくれなかったことを許します」

こんな表現をする人たちもいます。「私は許すことはできますが、忘れることはできません」

こういう考えはぎこちなく、憤りという精神の束縛から自由になることをやめてしまったとも言えます。この考え方では、出来事を忘れ去ることはないでしょう。このような、傷つけた人への許しの欠如は、痛みをずっと残すことになります。このことを忘れないでください。許しは記憶を取り去りはしませんが、痛みを取り去るのです。

「私は許すことはできますが、しかし、忘れることはできません」という言葉の意味は、「私は忘れることができないので、許せないでしょう」なのです。真の疑問は、だれが憤りという感情の刑務所の独房に居続けるのか、ということです。だれが心と体を閉ざし続けるのでしょう。それはあなた自身であり、子どもたちです。許さないことで、人生が制限されてしまうのです。

許しの価値という新しい気づきを、子どもたちの生活を向上させるために使いましょう。

私たちはしばしば以下のように尋ねられます。「生きている人たちにかかわるとき、その人に直接許しを伝えることは適切ですか」というものです。私たちの答えは、絶対「いいえ」です。求められていない許しは、つねに攻撃と考えられます。許される人は、自分が許されると知る必要はないのです。子どもたちに、顔を合わせて直接だれかを許すように、などとは言わないでください。

もう一つ。多くの人が他人に許すように言い、子どもたちにも同じようにするよう教えます。私たちは、これは誤ったコミュニケーションだと思います。実際に、自分がする必要のあることを他人にそうするように言うのは、人を操ることになります。そして、相手が亡くなっているなら、その人に自分を許すように頼むことは、亡くなった人に行動するよう頼むことです。これは不可能です。

子どもたちには、自分が行動することが必要なのです。決してだれか他の人に行動するように頼むことではありません。もし子どもが許しを得たいと願ったら、自分が言ってしまったことやしてしまったことを謝罪するのです。直接相手に許しを願うより、自分が謝罪をすることのほうが、はるかに子どもたちにとってはいいことです。

もう一度ハムスターに宛てた小さな男の子の言葉を見てみましょう。

「きみがかんだとき、ぼくは怒った。でも、もういいよ」

この子は、許しの完璧な言葉を生み出しました。「もういいよ」というのは、バランスのとれた言葉です。過去にペットにかみつかれるという出来事が起こり、そしてペットが死んでしまった今、自分の悲しみに対処するのに、「もういいよ」と、自分をその出来事と痛みから解き放しているのです。

私たちは、「もういいよ」という言葉が悪いことを認めている、と言っているのではありません。自分を傷つけた人を許すことを子どもに勧めるとき、それは悪いことや違法なこと、あるいはとても危険なことをした人を許すことを勧めているのではないことは確かです。そういうことでは全くありません。先に進むために許さなければならない、と言っているのです。過去の罠に長い間はまっているかぎり、前に進むことはできません。

許しは、実際にはとても単純な問題で、もし辞書の定義に忠実に従えば「許すとは、自分を傷つけた人に対する憤りを感ずるのをやめること」です。しかし、子どもたちは大きくなるにつれて、この問題に関する様々な幅の広い葛藤に満ちた情報を知るのは明らかなことです。みなさんは、子どもたちと許すということに関して、年齢に応じ、適切に話し合える方法を見つけなければなりません。

許しの定義は、だれかによってなされた悪い行動、まちがった行動を認め許すということではないことを覚えておいてください。また、みなさんや子どもたちが、傷つけた人に会ったり話したりしてはいけないということを示唆しているものでもありません。許しというのは、痛みを繰り返し思い起こすのではなく、むしろ過去の出来事による痛みから抜けでる方法の一つなのです。

みなさんが、この考え方とスキルを子どもたちに分け与えれば、子どもたちは人生を成功に導くことができるようになるのです。

# 第19章　情緒的に重要な言葉

ここまで、私たちは謝罪と許しという、喪失により引き起こされる痛みの回復に向けた二つの大きな行動を見てきました。今みなさんは、謝罪と許しがないと、喪失が大きな不幸の原因となりうるということに同意なさるはずです。

子どもたちの未完の感情を完結させるために必要な三つ目は、「情緒的に重要な言葉」です。これは回復の核になります。「情緒的に重要な言葉」とは、「謝罪」でも「許し」でもない、感情的に価値のあるものです。その人が亡くなる前、あるいは、生きている人と離婚や何らかの理由により引き離されて、関係性が終了してしまう前に、伝えられた、あるいは伝えられなかった言葉（感情）のことです。

もう一度、四歳の男の子とハムスターの話をしましょう。

「ハムスターくん、きみはとてもすてきなハムスターだったよ。ぼくがケージのそうじをさぼったことがあったね。ごめんね。その時、きみがかんだから、ぼくは怒った。でも、もういいよ。きみが病気になったり、死んだりしてほしくなかったんだ。もっときみと遊びたかった。きみのことが大好きだよ、それに、きみがぼくのことを大好きだったのも知っているよ。さようなら、ハムスターくん」

この小さな子の言葉には、四つの別々の大切な情緒的な言葉が含まれています。

まず、「ハムスターくん、きみはとってもすてきなハムスターだったよ」という言葉。これほど重みのある言葉は、ほかにはありません。それから、「きみが病気になったり、死んだりしてほしくなかったんだ」という言葉。この二つの言葉は、その子にとって情緒的な重みを含んでいます。そして二つとも謝罪や許しを求めているものではありません。その子は、この言葉の中で自分にとって情緒的に適切なことを言っているのです。「もっときみと遊びたかった」というのは、そのハムスターとの将来に関する希望、夢、そして期待のカテゴリーに入る言葉です。そして最後に「きみのことが大好きだよ。それに、きみもぼくのことを大好きだったのも知っているよ」と結んでいます。

別の子どもだったら、ちがうことを言ったかもしれません。その子独特のユニークな言葉や、ハムスターとの関係性の持ち方によってもちがってきます。この子にはお姉さんがいましたが、彼女は、ハムスターとはそれほど密接なつながりがありませんでしたから、彼女の言葉はちがうものでした。「情緒的に重要な言葉」というカテゴリーは、コミュニケーションが必要とされるすべての人や物事に多様な対応が可能なものです。

## だれにとっても重要な言葉はあるか

ある子どもにとって重要な言葉は、他の子どもにとっては重要でないかもしれません。

人との関係においても、考え、感じ方、そして反応は様々です。私たちは、とくに親や保護者は、子どもそれぞれの関係性について注意深くいなければなりません。私たち自身の考え方を、子どもたちに植えつけてはいけません。子どもたちは、とてつもなく感受性が強いものです。そして、自分たち自身のものではない考え方や感じ方に適応しやすいものです。

私たちは、みなさんにこの本全体を通して情緒的なリーダーであってほしいと願っています。それはみなさんが大人だからですし、まず自分の喪失体験に基づく反応を、見本として表現してほしいと言ってきましたし、これからも言い続けます。そうすることによって、子どもたちも、自分の感情をそのまま表現することが安全なのだということを、大人の行動そのものをまねして学べるからです。

みなさんは、小さい子どもとハムスターのような関係性は持っていないと思います。だからといって、その関係を理解できないことはないと思います。実際にこの話が、みなさんがまだ子どもだったころに持っていた記憶を思い起こさせたのではないでしょうか。その可能性は大いにあり得ます。

みなさんがまだ子どもだったころの喪失、とくに自分の飼っていたペットや、もし自分は飼っていなくても友だちのペットが死んでしまったことなどを思い出すなかで、子どもたちがペットの死によって引き起こされた考えや感情を発見するのを助けるために何をしたらいいのか、自然に蓄積された経験をひきだすことができます。前述したエネルギーチェックリストは、みなさんが子どもにかかわり、何が適切なのかを見つけ、教えるための特別な指針を与えるようにつくられています。

## 情緒的に重要な言葉には、許しが必要

情緒的に重要な言葉というと、とても広いカテゴリーのように思えるかもしれません。しかし、そうではありません。時として、痛みを伴う言葉を列挙する傾向がありますが、私たちは、そうした刺激（辛辣《しんらつ》さ）を必要としません。そうした言葉は、コミュニケーションを完結に導きません。

例として、もしあの男の子が「きみがかんだから、ぼくは怒った」で終わってしまったら、これは許し

の意味はまったく含まれておらず、怒りの言葉になります。前にも話した通り、許さないまま憤りを保持することは、継続して問題をつくりだします。否定的な言葉を述べることは問題ありませんが、その後に許しの言葉があって完結されます。四歳の男の子は、再び私たちに教えてくれます。「きみがぼくをかんだから、ぼくは怒った。でも、もういいよ」

## 楽しい思い出

私たちは、謝罪、許し、そして情緒的に重要な言葉という三つのカテゴリーを見てきました。もう一つ、四つ目のカテゴリーを加えます。それは子どもたちにとても助けになるからです。

この「楽しい思い出」は、子どもが幸福感を持った体験として記憶していることです。子どもがすでに言ったことであっても、もう一度言う必要があるか、言いたいと思っていることも含みます。

楽しい思い出は、肯定的なことに関する喜びや、人に対する感謝を含みます。ペットとの関係でも、重要なカテゴリーに入ります。

## パート3のおさらい

パート3は、ある母親からの電話で始まりました。覚えていますか?

ハムスターをなくした四歳の男の子の例から、私たちは、未完のコミュニケーションを完結に導く要素について学んできました。今私たちは、どのようなことが、喪失後の子どもの感情を完結へと導くことになるのかを、正確に理解しています。

「謝罪」は、日常生活の一部です。謝罪は、すべての年齢層の人たちとの間に起きる小さな、あるいは大きな不安、心配、騒動になる問題を完結させるのに役に立ちます。みなさんの親として果たさねばならない仕事、役割の一つは、子どもたちに人を傷つけたときには、直ちにそれを認識して謝罪の行動をとることを教えることだと思います。

みなさんは今は充分知っていることでしょうけれど、謝罪の必須目標は、思いやりのない言葉や行為によって未完になっているコミュニケーションを完結することです。みなさんはすでに謝罪の重要性について理解をしていると思いますので、この考え方を使って亡くなった人との関係性や、同じようにその他の喪失体験による未完のコミュニケーションに伴う感情を導くことができるはずです。

「許し」はもう少し複雑です。子どもたちに説明したり例を示したりするのがむずかしい問題です。私たちは他の本でもこのことを丁寧に説明してきました。私たちは、みなさんがもう一度「許し」について、該当箇所を読み直すことを強く勧めます。許しが伴わないと、喪失による痛みの感情を完結させるのに大きな障害になります。許しそのものは、謝罪よりむずかしいものではありません。しかし、許しを、人を傷つけた行動を大目に見る（容認する）と誤解していたのでは、むしろ状況を複雑にしてしまいます。

許しを欠いてしまうと、感情を閉じこめてしまうということを心に留めておいてください。私たちは、その人を傷つけた人が何年も前に亡くなっているのに、自分自身の感情を何十年間にもわたって閉じこめてしまっている人たちを知っています。日常的な方法で効果的な許しを教えるのは、子どもたちにあたえられるもっとも大きなギフトにちがいありません。許しなしでは、子どもたちは、痛みを伴う出来事の記憶とともに、ほぼ永久的に犠牲者としての人生を生きることになってしまうのです。

「情緒的に重要な言葉」は、言ってほしかった、言いたかったことを、だれとでも話すことが認められるということです。肯定的な考えや物事は、このカテゴリーにうまくフィットします。

「おじいちゃんが、ぼくの家に来て、おもちゃの電車で遊んだことがあったね。楽しかったね。いつもおじいちゃんが好きだったよ。おじいちゃんが、床に座って小さな技師の帽子を頭のてっぺんにのせて、機関車の汽笛の音をさせたこと、ぜったい忘れないよ。おじいちゃんも大きな子どもみたいだったね。おじいちゃんとの時間は、ぼくには特別だったんだ。ありがとう、おじいちゃん」

このコメントは、祖父が亡くなった後の一二歳の男の子によるものです。読んでおわかりのように、ハムスターが死んでしまった四歳の子と比べれば、少しばかり洗練されています。考えや感情は、彼の年齢に相応したもので、祖父との特別な関係性が表現されています。

「楽しい思い出」は、小さな子どもたちにはとても助けになるカテゴリーです。祖父が、まるで六歳の子のようにおもちゃの電車で遊んでいる場面を想像してみてください。その子の言葉はとても単純でした。「おじいちゃん、ぼくと、電車で遊んでくれてありがとう」

先に進むためには、完結に導く四つの行動を成功させていかなければなりません。

みなさんは自分の生活の中で、こうした考えを理解し実行していけば、子どもたちの良い先生になれるはずです。

大きな喪失は、毎日起きるわけではありません。しかし、小さな喪失や失望は、しばしば起きるものです。みなさんがあらゆる種類の喪失を扱う時に、四つの回復のためのカテゴリーの要点と原理を使えば、もし、いつか大きな喪失が起きたとしても、みなさんと子どもたちのために有効に使うことができるようになっているでしょう。

# 第20章　人の死

ここまで、私たちは主としてペットの死に焦点を当ててきました。ここからは、私たちの論点を人の死に当てていきます。

亡くなった人は、親戚の人、家族の親しい人、あるいは子どもの時からの遊び仲間、あるいは先生かもしれません。こうした場合、今までにみなさんが学んできたことは、さらに重要性を増します。ペットの死に関したことは、人の死に関してもほぼ同じことが言えるからです。

私たちは、実話に照らして祖父母の死について考えていこうと思います。なぜなら、それは子どもたちの多くが、最初に経験しなければならない人の死だからです。

ここで忘れてはならないのは、喪失を比べないということです。人の死とペットの死は、比べることのできないものです。いかなる死も比べようがないのです。みなさんは、それほど親しくない同僚の死の知らせを聞いたとき、あまり強い衝撃を受けないのが普通です。なぜなら関係性が希薄だったからです。

一方、もしみなさんのかわいがっているペットが死んだら、とても強い衝撃を受けるでしょう。これは、人の価値が、ペットの価値より低いということではありません。みなさんにとって、亡くなった同僚との関係よりも、動物との関係のほうが深かった、というだけの意味です。

深い悲しみ（グリーフ）は、関係性から生まれます。そして私たちは、決して関係性を比べてはなりません。

みなさんが、祖父や祖母を愛しているとしても、祖父と祖母とでは異なった愛し方をしているはずです。なぜなら関係性は、それぞれが独自のものだからです。また、とても好きだった祖母と、あまり気の合わなかった祖父がいたかもしれません。いずれにせよ、グリーフからの回復の鍵になるのは、それぞれの人との関係の特殊性を知ることです。同じことが人とも、動物とも、家庭とも、そして品物との関係性においてもいえるのです。

私たちは、子どもたちがなじんだ活動との固有な関係性が終わってしまったり、変わってしまうことで生ずる痛みを完結するための援助をしようと思っていますが、そうした出来事や活動には、おそらくいいことも悪いことも混ざっているもので、幅広い記憶と感情とが生み出されるはずです。

これから、どのようにして人の死を体験した子どもたちを援助するかに入りますが、みなさんには、関係性がとても複雑であることを知ってほしくて、前もって話したのです。そして親として、みなさん自身の亡くなった人との関係性が、子どもを援助するときにみなさんの力になることにも気づいてほしいと思います。

## 亡くなった人との関係性を見直す

亡くなった人との関係性の見直し（振り返り）に関する重要な点は、ペットの死を振り返ることとちがいはありません。子どもたちは、亡くなった人との間で起きた、いい経験も悪い経験も、言ってしまったことも言わないままになってしまったことも、たくさん見つけだすはずです。なぜなら、人間と人間の関係は、人間と動物との関係よりも複雑で、謝罪と許しのカテゴリーがもっと重要になる可能性があるからです。

　また、亡くなった人との関係の中で、子どもたちが将来にわたって持っていた希望、夢、そして期待が終わってしまうことでも、痛みを伴う気づきがあります。その人の存在が、子どもたちの生活の中で大きければ大きいほど、強い痛みをつくり出します。

## 祖父母の死

　もし、みなさんが両親のうち一人を亡くしていたら、あるいは、配偶者の両親の一人が亡くなっていたら、みなさんの子どもは、祖父母の死を経験していることになります。それは、多くの子どもたちにとって、直接的な影響を受ける最初の人の死だろうと思います。

　この時点で、私たちは、子どもたちよりもまず、みなさんが自分自身と親との関係性に注目することをおすすめします。親の死は、みなさんに大きな情緒的な衝撃を与えたはずです。それは自然なことなのです。しかし、それはみなさんの子どもたちに与える影響とは異なるはずです。

　一般的に、親は子どもたちをしつける存在ですが、祖父母は普通そのような役割を担ってはいません。祖父母は、子どもにとって土産を持ってきたり、親とけんかしたときの相談相手だったりします。

　これらの大きな違いを認識することは大切です。みなさんは親とのつながりの中で、大きな情緒的エネルギーが動いています。そういう状況で子どもたちの援助をするとなると、みなさんの親との関係性が混同されてしまう危険性があります。もし亡くなった人が義理の親だとすると、関係性は少し薄くなるかもしれません。しかしながら、長い期間、配偶者の親とすばらしい関係を築いてきた方もおいででしょう。

いずれにせよ、みなさんが焦点を当てるべきことは、子どもたちの固有の関係における感情だということです。そのことを注意してください。

## 人と人とはそれぞれが独自な関係である

ここでの問題は、祖父母の死そのものではなく、固有の関係における身体的な終焉（死）です。すべての関係は固有のものなので、みなさんの子どもたちの祖父母との関係も固有です。もし、関係性がとてもよく、長い間にわたって肯定的な出来事がたくさんあったら、祖父母の死は、子どもにとても大きな情緒的なエネルギーを生み出します。もし、その関係性があまり深くなく、よいことや楽しかったことが少ない場合には、死は子どもたちにそれほど大きな情緒的エネルギーを生み出さないでしょう。

もし、亡くなったのがみなさんの親なら、過去数年にわたってあまり多くの接触をしていなかったとしても、みなさん自身の中に多くの情緒的エネルギーが生まれるでしょう。親の死が引き金となって、みなさん自身の子ども時代の思い出がでてきます。みなさんのような思い出を、子どもたちは持っていないということを認識してください。私たちは、子どもたちが、みなさんの予測する反応をすべきであると思いこむのはまちがいである、と言っているのです。

実際、小さい子どもは、祖父母の死をはっきりとは記憶していないかもしれません。もしそのままにしておいても、これは極めて自然で、問題のないことです。数年後になって、写真のアルバムや思い出の品物などを見て、子どもが関心を示すこともあるでしょう。

感情は、関係のあった時間の長短と関係性の強弱によって生み出されるものです。感情は、単に血液による結びつきだけによって生み出されるものではありません。どの関係性も独特であって、どのような関係性が成り立っているかが、情緒的な鍵になります。人に対する私たちの感じ方は、何があったかということと、どのようにかかわっていたか、ということに基づきます。子どもも大人もそうです。感情は、人と人との間に生じ、否定的なものであれ肯定的なものであれ、特別なできごとと、やり取りで生じます。

もし、祖父が子どもたちの生活している地域に住んでいて、毎週子どもたちが彼に会っていると、関係性が肯定的であれ否定的であれ、祖父の死で、子どもたちには大きな情緒的なエネルギーが湧き上がります。一方では、もし子どもたちの祖父母が、遠い場所に住んでいて、せいぜい一年に一度か二度しか会わないようであれば、電話では話をしたり、プレゼントをもらっていても、接触は限られたものでしょう。

祖父母が亡くなった時、子どもたちの反応は、関係の中で経験した結びつきの強弱が反射されます。反応がどうであれ、子どもたちは素直で正確です。みなさんは、子どもたちの感情面の反応がどうあるべきかを決めないように注意してください。

もし、亡くなったのがみなさんの親だったら、みなさんはまず自分の感情を扱えばいいのです。また、亡くなったのが自分の親戚であるからといって、子どもたちに強い感情面の反応を求めるという罠にはまらないようにしてください。みなさんの子ども一人ひとりが異なった存在であることを忘れないでください。亡くなった人と子どもは、一人ひとり異なった関係性を持っているのです。みなさんの親としてのもっとも重要な仕事は、亡くなった人とみなさん自身の関係の真実の感情を、子どもたちに見せることです。それから子ども一人ひとりに、子ども自身の関係から噴出する真実の感情に気づくように勧めることです。

## 同じように愛しているとは決めつけない

みなさんと親との関係性がよくなかった、という可能性もあります。あるいは、そのために混乱した気持ちを抱いているということも。同時に子どもたちは、みなさんよりいい関係を持っていたかもしれません。みなさんのいかなる否定的な感情も、子どもたちの反応に影響を与えないように注意してください。

またみなさんは、義理の親と長い間、確執《かくしつ》を持っていたかもしれません。しかし、子どもたちは、とてもいい関係を持っていたかもしれません。あらゆる状況で、子どもたちに、亡くなった人と自分との特別な関係を扱う、ということを明確にする必要があります。

もしみなさんが、親子は必ずしも完全なよい関係を持っているわけではない、という可能性を受け入れられるなら、すべての子どもたちは、すべての親戚の人たちを愛しているわけではないことも認めなければなりません。このことに関しては多くの理由があります。みなさんは、子どもたちと亡くなった人の関係性に関して、ニュートラルな立場でいるようにしなければなりません。

子どもたちは、祖父母に対しては自分たち自身の反応があります。みなさんの仕事は、子どもたちと亡くなった人との特別な関係性において、何が未完のままになっているかを発見するよう助けることです。

また私たちは、みなさん自身が亡くなった人と未完のコミュニケーションを完結させることに努めれば努めるほど、子どもたちをさらに上手に援助できるということを忘れないでほしいと思っています。

## 混ざり合った感情がある

これまで述べてきたように、普通、人との関係は、動物との関係よりももっと複雑なものです。それ故、私たちは、猫や犬よりも、人との関係で傷つく傾向があります。侮辱された、批判された、あるいはその他いくつもの感情を表現し、あるいは表現しなかったことの結果として否定的感情が生じます。同時に、私たちは愛された、尊敬された、大切にされた、そして言葉で敬意を表されたなどの、肯定的な感情も与えられます。大人も子どもも、ほとんどの人がすべての関係性に関しては、肯定的、否定的の両方の混合した感情を持つものです。だれかが亡くなった時、肯定的、否定的出来事につながる混ざり合った感情が、私たちにとっての困難さと痛みの出所となるにちがいありません。とくに子どもたちはそうです。

私たちは、子どもたちが亡くなった人との関係で記憶している肯定的、否定的な出来事に伴う感情を完結に導く必要があると考えています。

私たちは、それらの感情を発見するために、できるだけ広いカテゴリーと、できるだけ包括的なリストを作るよう心がけました。みなさんは、子どもたちの経験に関連したさらにいくつかの生活の範囲を思いつくかもしれませんが、その時には、どうぞそれもためらわずに加えてくださってけっこうです。

## 情緒的エネルギーのチェックリスト~祖父母、親戚、あるいは親しい知人の死

もう一度申し上げますが、このチェックリストは単なるガイドであることを忘れないでください。これ

は、子どもたちが情緒的なエネルギーを生み出すような出来事を思いだすために、みなさんが援助する際に役立つものです。

このリストは、いろいろな要素を含んでいるので、子どもたちがすべてのカテゴリーにおいて、伝えられていない感情があるとは考えにくいです。実際に、子どもによっては、ほんのわずかなカテゴリーだけに、話したいことや話す必要のある出来事が含まれているだけの場合もあるのです。

また、このリストは、亡くなった人と子どもたちとの関係性の振り返りのために使うものだということが重要です。種をまくのではなく、そこにあるものを収穫してほしいのです。このリストを身近に持つことは、子どもたちと話をするときにとても役立つことに、みなさんは気づくはずです。リストの最後に記録をとる場所があります。大きな子どもには、子ども自身に記録をとらせてもかまいません。

## ★チェックリスト

- □出会い、あるいは最初の気づき
- □母親、あるいは父親の両親（あるいは、その他の関係）
- □ニックネーム（呼び名）
- □彼らが面倒を見た（ベビー・シッターなどをして）、あるいは、彼らの家に滞在した
- □子どもを罰することがあった、あるいは放任した
- □ギフトがあった、なかった、そして、あるいは、兄弟姉妹にもギフトがあった、その他の人にも
- □彼らの家に行った
- □子どもの家に来た（子どもは、祖父母が来ると自分の部屋を明け渡さなければならなかった）

□匂い／□アルコール　□香水　□薬　□タバコ
□祖父母が母親や父親と言い争う
□とても安心、いっしょにいやすく、話しやすい
□怖い
□頬を強くつねる、からかう、恥ずかしい思いをさせる
□特異な性格　□肯定的あるいは否定的

☆近所に住んでいる
□頻繁に訪ねる
□訪ねるのが楽しい、あるいはきらい
□あまり会わない／□そのため幸せ　□あるいは悲しい

☆遠方に住んでいる
□あまり会わない
□頻繁に訪ねる
□頻繁な電話／□うれしい　□いやだ
□めったにない電話／□そのため幸せ　□あるいは悲しい
□祖父母がお互いにどういう関係かを子どもが観察する
□親が祖父母とどういう関係かを子どもが観察する

□親が休暇でいない時、祖父母と過ごす／□すき　□きらい
□親が怒っているとき、祖父母と暮らしたい
□学校やその他の場所での出来事／□すき　□きらい
□学校での出来事、誕生日など／□すき　□きらい
□大きな出来事

### ☆長期の病

□最初に病気に気がついたとき／□反応
□親の反応を子どもが観察する
□診断、治療、投薬、直接的に関連すること
□病気に関して親が感じていたことをどう話しているか
□子どもが祖父母に話しかけることは許されているか
□子どもは自ら話したいのか
□子どもが話せる人は他にいるか
□訪問したときに何が起きるか
□病が末期だとわかった時、どのように話すか
□死の危険性があることを、子どもたちはだれと話すことができるか
□子どもにその気がないのに、親が訪問するように言ったり電話をするようにいったか

## ☆終末に

□最後の日々の状況や出来事で子どもがおぼえていること
□そうした出来事に対する反応（反応がない場合も）
□子どもも病院（あるいは、ホスピス）にいたか。子どもに選択肢はあったか
□子どもには、どうなっているのかを安心して話せる人がいたか
□子どもは親の感情にかかわろうとしたか

## ☆最後の日、あるいは突然の死

□遠くからの電話
□だれが、どのように子どもに話したか
□子どもに与えた情緒的衝撃、もし、あれば
□親は子どもの前で感情を示したり表したりしたか
□子どもは家庭で、それとも病院でベッドサイドにいたか
□最後の意識のあるやりとりは／□電話　□あるいは自分で
□もし意識がなくても、子どもはともかく話したか
□その状況で子どもが安心して話せる人はいたか
□葬儀や埋葬、その他の葬儀に伴う儀式
□葬儀に子どもが参加したか、しなかったか／□子ども自身の選択か、そうでないか
□だれか話す人がいるか

□その後の何日か、何週か、何か月か／□夢　□記憶　□悲嘆など

☆死の後に起きた記録にとどめる出来事

□祭日、誕生日、その他の特別な日々

□リサイタル、スポーツイベント、芸術祭

□卒業式、宗教的儀式、宗教的な成人式

□親の対立と離婚（祖父母が生きていて相談ができるかどうかは重要）

☆記録

このエネルギーチェックリストは子どもたちのために作りましたが、みなさん自身も多くのカテゴリーでかなりの量の情緒的エネルギーを発見するでしょう。ですから、自分のためにも使ってください。そうすれば、みなさんも自分の感情に正直であることを証明することになるでしょう。そしてすべてのことが子どもにもそうであってほしいと思うことばかりです。（リストはコピーして使ってください）

## パート3の要約

子どもたちが、ペットや人との関係に付随する重要な出来事と、感情を思い出すための話し合いと援助は、子どもにとっても大人にとっても同じようにパワフルな経験となります。死んだペットや亡くなった人について思い出し、話すことが簡単なことならば、この本は必要なかったでしょう。関係性について語ることは、よいことであれ悪いことであれ、そしてときにはとても醜いことであっても、情緒的な完結のために必要であり、それはそれほど単純なことではないのです。

みなさんをこの本へと結びつけた子どもたちの喪失体験から、ある程度時間が経過していると思います。喪失が起きてから、数日か、数週間か、数か月、あるいは、数年かもしれません。それでも心配することはありません。パート4で私たちが示す行動は、実質的な意味のある、効果的なものです。

ここで私たちは、少しだけ時間をいただいて、この本を読む時間とエネルギーを費やしているみなさんに感謝と尊敬の念をお伝えしたいと思います。

子どものために最善のことが一つあります。それは、まず、みなさんが自分を再教育をすることです。そうすれば、子どもたちを導くことがスムーズになります。ここまででおわかりのように、決まり文句による手っとり早い方法では、子どもを援助できません。私たちは、過去二五年にわたって大きなエネルギーを使って学んだものをみなさんへ手渡せることができてうれしいのです。そして、みなさんが子どもたちにとって長期の利益となることに、同じようにエネルギーを使う気持ちがあることも。

子どもたちの代弁者として、私たちはここでみなさんに敬意を表し、「ありがとう」と伝えたいのです。

# パート4　発見から完結へ

関係性について話す主な目的の一つは、私たちが言ったこと、あるいは、もっと上手に、もっと多くしたかった、と切望していることを見つけるためです。しかし、この発見は完結ではありません。人は、しばしば気づきや発見が、未完のコミュニケーションの完結であると信じていますが、それはまちがいです。

たとえば、もしあなたがだれかの感情を傷つけ、まだその人に謝っていないと気づいたとしても、その時点では未完のコミュニケーションは完結しているとはいえないでしょう？　気づきが、自動的に未完のコミュニケーションを完結に導くということはないのです。このことは、だれかが亡くなった後にとくにはっきりとします。

そして、私たちは、言う機会がなかったことをいろいろ思い出します。言わなかったことをそんなによく覚えているのは、発見と言えます。しかし、完結ではありません。

# 第21章　繰り返すことVS自由になること

## 繰り返すのは、ぬかるみに足をとられているから

この本で、喪失による悲しみを繰り返し語る人のことに触れました。とくに強迫的に、死や離婚その他の喪失について繰り返し語る人は、痛みを伴う経験が完結していないことを説明しました。

みなさんが、だれかの話を何度も繰り返し聞かされるときは、その人は「立ち往生している」と伝えようとしたのかもしれません。その人たちは、先に進む方法を知らず、どうしたら痛みを伴う経験を手放せるのかも知らないのでしょう。その人たちは、古い葉っぱをつけたままでいて、新しい葉っぱを出せないのです。そのため、重い荷物を持って歩き続けるのです。

私たちは、そういう人に会うと、こう尋ねます。

「あなたは、『許し』について考えたことがありますか」

今ここに、何年も重荷を抱えて、同じ話を繰り返す子どもがいるとします。あるいは、もっと悪い場合は、この子どもはだれも話を聞いてくれない、あるいは助けてはくれないと感じ、その喪失が何であれ、喪失について話をやめてしまい、感情を内面に葬ってしまいます。

子どもが自分自身の内面に制限を設け、感情を葬りさろうとすることは、子どもがしがみついている憤りの産物であり、どうしたらそれを手放せるかを知らないための行動なのです。

子どもたちは、憤りを持ち続けます。なぜなら、憤りを持ち続けている人たちを、自分の周りでたくさん観察しているからです。誤った感情の扱い方は、さまざまなところから子どもの心にやってきます。文学、映画、ラジオ、テレビ、そして音楽などから、子どもたちは生活場面のかなりの部分の影響を受けます。こうしたメディアから子どもに伝えられる情報は、必ずしも正しいものではありません。

「許し」は、否定的な感情を完結させるために必須の要素です。許しは、子どもたちに感情を手放すことをさせます。それは古い葉っぱを捨て、新しい葉っぱを出すことになるのです。

もし、亡くなった人が子どもに対して時折意地の悪いことをしていたら、子どもは憤りを心の中に持ち続けているでしょう。子どもにとっては、自分のしたこと、言ったことについて謝罪するのが意に反する、というのはよくあることです。なぜなら、他人の傷つくような言葉や行動に憤りの感情を持っているからです。

でもそれでは、何の結論もでない、終わりのないループに囚われる可能性があります。その人がしたことを謝罪するまで、子どもが許せないとして、もしその人が亡くなっていたとしたら、謝罪は起こりえません。子どもは、憤りからくる痛みを心に持ち続け、伝えられていない謝罪の苦しみと重なって、立ち往生してしまいます。子どもは、どうしたらこの罠から抜け出せるかを教えてもらわないかぎり、その状態から抜けだせないのです。

## 偶像化された人の記憶

悲しんでいる人たちは、大人であれ子どもであれ、亡くなった人、または終わった関係を維持しようとするか、温存するかして、その人を偶像化した記録をつくりだすことがあります。一度つくられると、その肥大した記憶は回復の危険な障害物になります。誇張された記憶の映像は決して正しいものではないので、未完のコミュニケーションを完結するのがほとんど困難になります。

こういう比喩しか見つからないのですが、聖者といっしょでも悪魔といっしょでもむずかしくなるでしょう。私たちは、心の重荷は悪いことだけ、否定的なことだけに限られているのではないことを心に留めておく必要があります。偶像化した人に関する重荷を持つのもよくあることです。よい記憶と、その人に対する尊敬などの肯定的な感情は、一見、重荷と呼ぶ何かを生みだすようなものには見えません。しかしながら、こうしたものも重荷になるのです。

つまり、その人が生きていようが亡くなっていようが、正確ではない物語をつくり出し、実際には存在しない関係性が重荷になるということです。親として、大人として、子どもと亡くなっただれかとの間に、未完の感情を保護し、覆ってしまうような、度の過ぎた肯定的な記憶がつくられていないかに、注意をしてください。

子どもたちはしばしば、自分が感じている肯定的なことを人に話さないことがあります。なぜなら、そういった感情を表に出さない大人たちをよく見てきたからです。こういう言い方を聞いたことはありませんか？

「ぼくは、あの人が死んでしまう前に、もっと話をする時間があったらよかったって思っている」

これは重要な肯定的な言葉で、こうしたことを口に出して言うことが、子どもたちに痛みの感情を手放させ、先に進め、新しい葉を出させる間接的なコミュニケーションとなるのです。

## 自由であること（解放されること）は気分がいい

自由であることは、未完のコミュニケーションが完結した結果です。自由は、子どもが伝えられなかった感情を発見し、伝えられた時に手に入る新たな感覚であり、また、再発見した感覚です。

自由は、必ずしも悲しみの終わりを意味していません。しかし、痛みは終わりにすることができます。

自由になると、その人との楽しい記憶をよみがえらせ、味わうことができるようになり、再び元の痛みに戻らなくなります。自由は、亡くなった人の偶像化したイメージに執着するよりは、むしろ自分の人生で学んだことや感じたことに基づいて、その人を記憶することを可能にします。

子どもは、死から引き起こされた恐ろしく悲しい、心につきまとっていた記憶から解放されます。

自由はまた、未来に期待した多くの約束事が壊れてしまったことの痛みが完結した後に起きます。

肯定的、否定的両方の関係性から自由になることは、子どもに将来の実現しなかった希望や夢、そして期待へのコミュニケーションも完結させます。肯定的な関係では、生活の中での特別な出来事の際、その人がそこにはいないという悲しい真実が含まれます。否定的な関係では、子どもは、心の傷を修復し謝罪され、許し、そして価値のある出来事が起きるという非現実的な希望から解放されます。

ここからは、発見を四つの完結のためのカテゴリーに導く考え方を紹介します。

# 第22章　完結に向かう

## 「犬のサンパー」

みなさんに、実際にあった話を例にして、どのようにして感情を完結に導くかを示すときが来ました。私たちの友人ジュリーとリチャードは、娘のジェシカを援助するとき、どのようにチェックリストを使ったかを話してくれました。

ジェシカの飼っていた一〇歳のボーダーコリー犬サンパーが、病気になって死んだのは、彼女が一四歳の時でした。サンパーが死んで数日間、ジュリーとリチャードはチェックリストを使って、ジェシカとサンパーとの間に起こったたくさんの出来事を呼びおこし、ジェシカの感情を援助しました。チェックリストの最後にある、記録を書きとめる部分がとても役に立ったそうです。

両親は、ジェシカと犬のサンパーとの初期の記憶をつなぐこともしました。ジェシカは幼かったので、犬と出会う前のことをあまり覚えていませんでした。

ジェシカが四歳のころ､両親はいくつもの物語を読んで聞かせました。彼女は字は読めませんでしたが、それぞれのページにある言葉と絵とをすっかり覚えていました。両親が読みまちがえると、ジェシカはすぐ直しました。彼女の大好きだった物語は、小さな女の子と犬の話でした。まもなくジェシカは両親に、「犬を飼いたい」と言いだしました。両親は「考えておく」と返事をしました。

ジェシカは、始終「犬を飼いたい」と言うようになりました。両親は、犬を飼うのはジェシカにはいいことだと考え、飼うことを決めました。二人が「犬を飼ってもいいよ」と行ったとき、ジェシカは飛び上がらんばかりに喜びました。

数日後、大きな問題が起きました。ジェシカが、興奮しすぎて食べることも寝ることもちゃんとできなくなってしまったのです。そこで母親は、本をジェシカに渡して、どの犬がいいのかをよく見て決めるように言いました。しかしジェシカは、本の絵を見るより、まっすぐペットショップに行きたがりました。

ジェシカの最初の記憶はそこから始まります。土曜日の朝、ジェシカと両親は車で、ペットショップではなく動物の管理施設に行きました。そこには多くの犬と猫が迎えを待っていました。ケージが並んだ通路を歩いていくと、たくさんの犬がジェシカを見て、家に連れて帰ってと言っているように感じました。けれどジェシカは先にすすみ、突然、足を止めました。目の前に、ふわふわした毛の丸いものが、周りの喧騒と混乱の中ですやすや眠っていました。ジェシカは言いました。「この子が私の犬だわ！」

帰りの車の中で、ジェシカは厚紙でできた箱を膝の上において座っていました。中には新しい親友がいました。両親は彼女になんという名前にするのかと聞いたとき、その子犬が目を覚ましました。同時にしっぽをふって、箱から出ようとしました。子犬が紙をひっかく音が「Thump, thump, thump」と聞こえたので、ジェシカは出し抜けに口走りました。「名前はサンパー」

次の数週間は、ジェシカにとってはゆううつなものでした。夜、サンパーが鳴き続けるので、ずっとなでながら、「心配ないよ」と話しかけなければなりませんでした。しつけをはじめても、サンパーは、何度もカーペットにおしっこをしてしまいました。母親が怒るので、ジェシカは、サンパーが管理施設に戻されてしまうのではないか、と恐れました。

でも、ジェシカとサンパーは大の仲良しになりました。ジェシカはある時、人形の服をサンパーに着せようとしました。服を着せている間中、サンパーは吠え続け、二度ほど無理やり足を服に入れたときには、大声で吠えました。今でも、人形の服を着たサンパーの滑稽《こっけい》な写真が残っています。

ジェシカは、サンパーとベッドでいっしょに寝たくて、両親とおやすみのキスをしてから、こっそりベッドに入れました。しばらくいっしょに寝ていましたが、両親がそれを知って、ジェシカと話し合うことになりました。ジェシカは怒られるのではないかと恐れていましたが、両親は、こっそりやっていたことは注意したものの、もし犬がベッドを汚したらジェシカがきれいにする、という約束をさせただけでした。ジェシカとサンパーは、ずっといっしょに寝ることができるようになったのです。

ジェシカが記憶していた一一項目はチェックリストにあり、そのうち六つは、今みなさんが読んだ中にあります。カテゴリーの中の二つの※印は、彼女の両親が記憶していたことです。リストにもとづき、ジェシカの最初の頃の記憶を次に示しておきます。

※ペットを飼うことを認めてもらう
□ペットの面倒を見てエサを与える約束をする
□ペットとのつながりに対する希望、夢、期待
※計画を立て、飼いたいペットを探し、見つける
□最初の不思議な体験、あるいは、はっきりした記憶

☑ペットに名前を付ける
☑初期の心の傷となる出来事／家に侵入する、一晩中鳴く、吠える
☑家具をひっかいて傷をつける、穴を掘る
☑初期の喜び／鼻をすり寄せる、遊ぶ
☑ベッドでいっしょに寝る、寝ない
☑逃げてしまう
☑いなくなってしまう
☑戻ってくる

ジェシカの記憶による、その後の物語を続けましょう。

ジェシカが六歳になるころ、サンパーの世話をすることは、少し面倒な仕事になっていました。エサをやったり、水を入れるお皿を洗ったりはたいていきちんとしていたのですが、たまに忘れてしまうので、両親に、「忘れないでやるように」と注意されました。

一つ、痛みを伴う記憶があります。それは、ジェシカがサンパーにエサをやるのを忘れてしまい、夜、サンパーはガレージに入り、ごみ袋にかみつき、あちこち散らかしたのです。次の日の朝、母親は、ジェシカとサンパーを強くしかったので、ジェシカはちぢみあがってしまいました。

幸せなほうの記憶は、ジェシカが部屋でサンパーと遊んだことです。ジェシカは、自分が考えたことも感じたことも、なんでもサンパーに話していました。サンパーはいつも自分の気持ちをわかっていると感じていました。話しかけるとサンパーは頭を傾け、あたかもじっと聞いているかのように見えるのでした。

サンパーは、彼女がどれほど話しても気にかける様子もなく、また彼女の言うことに異を唱える様子もありませんでした。

サンパーは、子犬だったときにもらった人形を、いつもくわえて歩きました。ボロボロになってちぎれてからも、サンパーはぬいぐるみを訪問者の前にかならずくわえて持ってきて、ポン、と放り出すのでした。みんなは、かわるがわるぬいぐるみをほめるしかありませんでした。ジェシカはそれを見て吹き出しました。それはとても愉快な思い出です。

サンパーが子犬だったとき、ペットクリニックへ行かなければならないことがありました。ジェシカは小さかったのではっきり覚えてはいませんが、母親はよく覚えていて、サンパーはとてもおとなしくしていたそうです。サンパーは、検査中に大きな声を出して吠えたりはしましたが、獣医を信じていたようでした。ジェシカは、もう少し大きくなってからの受診は覚えているそうです。

ここでもう一度立ち止まって、ジェシカの物語をチェックリストに照らしてみてみましょう。

四つのチェックがついています。

☑餌をやるのを忘れたり掃除を忘れる
□テーブル・マナー、人間の食べるものをねだったり食べたりする
☑信頼の結びつき
□親友
□秘密がない
□家の中　□外

□死についての痛みの基になる可能性
□ほかの動物とのけんか
□庭を守る
□公園での時間
☑お客様に対して友好的／□はい　□いいえ
☑獣医への受診

ジェシカとサンパーの結びつきは、子どもと動物とのすばらしい交流に満ちていました。しかし、物語が先にすすむにつれ、サンパーの死につながる一連の出来事が思いだされていきます。

サンパーの一〇回目の誕生日、ジェシカは何か悪いことが起きていることに気がつきました。サンパーは、ジェシカの部屋の床に横たわっていたのです。彼女はサンパーを呼びました。しかし、サンパーはいつものようにジャンプをせず、彼女のところに走ってもきませんでした。その代わり、彼女を見上げながらあたかも「呼んだのは聞こえているけど、今起き上がることはできないんだ」と言っているようでした。もう一度呼ぶと、サンパーはゆっくり起き上がり、彼女のところにやってきました。彼女はサンパーの頭をなでて、次の日までそのことを忘れていました。

次の日、サンパーが起き上がり、彼女のほうに歩いてくるのに三回休まねばなりませんでした。ジェシカは心配になり、両親に話しました。そして翌日、獣医のところに連れていきました。

ジェシカは、その日が、彼女の人生でもっとも恐ろしい一日だったと振り返っています。獣医がサンパーの検査をしているときも、何か恐ろしいことが起きているのではないかと感じていました。

獣医が、ジェシカと両親に事務所で話しているとき、彼女は普通に呼吸することさえできませんでした。次の数分間はまるで悪夢でした。ジェシカは、心があたかも凍りついてしまったように感じました。獣医は、サンパーの状態は非常に悪く、血液検査の結果を待たなければならないと言いました。ジェシカは、母親の肩で泣きじゃくりました。そして獣医の声が、はるかかなたから聞こえるような気がしました。

ジェシカは、その日の夕食を食べませんでした。また、眠ることもできませんでした。サンパーの隣で一晩過ごしました。見つめ、さすり、何度も何度も「愛しているよ」と言いながら。

数日して獣医から電話があり、みんなが一番恐れていたことを告げられました。サンパーは、ガンだったのです。ジェシカと両親は、また獣医のところに行きました。獣医は、サンパーがよくなるための治療の選択肢を説明しました。ジェシカは、どうするのが正しいことなのかを考えながら座っていましたが、ほとんど意識がありませんでした。彼女は、サンパーが苦しむのは望んでいませんでした。しかし、チャンスがあるなら、できるだけ長く生きられるように治療をしてほしいと願いました。

次の数週間は、薬を飲ませ、検査をし、よい症状がでて希望を持ち、そしてまた悪い症状がでて別の薬、そしてさらなる検査という、目まぐるしい日々でした。ジェシカの感情は、ローラーコースターに乗っているかのようにアップダウンを繰り返しました。希望、恐れ、そしてまた希望、というふうに。

ある朝、ジェシカが目をさまし、サンパーを見て、何かがおかしいと気づきました。サンパーは、あたかもジェシカを知らない人のように見たのです。やるせない感じで、彼女はサンパーの隣に座りました。手をやさしくサンパーの足の上に置き、見つめながら、そして泣きつづけました。

ジェシカは、自分に強いるように立ち上がり、両親の寝室のドアをノックし、自分の部屋に来てと頼みました。両親はジェシカが見たのと同じものを見ました。サンパーはもはや元には戻れない状態でした。

三人とも、ジェシカの部屋の出入り口に立ちすくみ、サンパーを見下ろしました。サンパーの目はどんよりとしていて、どこを見ているという感じでもありませんでした。ジェシカと両親は、互いに気づかいあいながら、サンパーが苦しんだり痛みを感ずるような経験はさせたくない、と話しました。

獣医のところに行くときは、とても静かでした。ジェシカと母親、父親は、サンパーとともに過ごした一〇年の思い出に包まれていました。車が獣医の駐車場に止まりました。父親がエンジンを止めました。だれもサンパーに永遠を求めていませんでしたが、安楽死を選びたいとも思いませんでした。

獣医は、最後の検査をしました。彼は、苦しみを終わりにするために注射をするか、痛み止めの薬を投与し続けるか、薬をいっさいやめて自然の経過に任せるかを選択してほしいと言いました。

獣医は、「選ぶために時間をさしあげます」と言い、三人は話しあい、注射をすることに決めました。獣医は、それはもっとも愛情のこもった決定であると自分も考えている、と言い、部屋を出ました。

三人はしばらくの間、サンパーと時を過ごしました。

ジェシカは、両親に自分とサンパーの二人だけにしてほしいと頼みました。それはそれまでのジェシカの人生で、もっとも情緒的な経験となったのです。小さな部屋でサンパーと過ごしている間、彼女には多くの記憶が戻ってきました。彼女は泣きながら、笑いながら、どれほどサンパーが彼女にとって大切な存在かを話しかけました。しばらくして、ほんの短い時間でしたが、サンパーは、あたかも「わかっているよ、ぼくもそうだよ」とでも言いたそうに、懸命にジェシカを見上げるのでした。ついに彼女はひざまずいて、サンパーの目と目の間にキスをしました。それからささやきました。

「愛しているわ。さようなら、サンパー」

獣医が戻ってきて、注射をするときにいてもいいですよ、と言いました。獣医は、家族によっては、注射をするときにはいないと決心をした人たちもいたが、後になって後悔したと言いました。ジェシカたちは全員その部屋にいる決心をしました。

最後の場面は、ジェシカにとってとても穏やかなものでした。彼女は両親にくっついていました。心は重く、顔は涙でぬれていました。サンパーは、痛みで苦しんでいるようには見えませんでした。穏やかに逝ったのです。ジェシカはひざまずいて、もう一度最後のキスをしました。

そして「愛しているよ。さびしいよ。私の親友サンパー、さようなら」と言いました。

その日の後半の部分は、ジェシカはほとんど記憶していません。自分の部屋のベッドに横たわっていたような気がします。ぼんやり天井を見つめながら、そして、ほんの少し眠ったようでした。彼女はサンパーが死んでしまったことを思い出し、静かにすすり泣きながら起き上りました。

その夜、ジェシカは夕食を食べられないと思いました。その後は数時間アルバムを見直しました。彼女は、気に入っていたサンパーの写真をすべてアルバムからはがしました。

チェックリストを見てみましょう。

☆長期の病

☑病気になる　□診断、治療、投薬
☑痛みと病気を見ているストレス
☑ペットを永久に眠らせるかどうかの決心
☑最終日

見ておわかりのように、四つのカテゴリーにチェックがついています。そしてジェシカの物語には、それぞれのカテゴリーの中に詳細が含まれているのを思い出すことでしょう。ペットの病気が始まった時の子どもの年齢にもよりますが、ペットの死とその状況によって大きなエネルギーになる可能性があります。

みなさんは、ジェシカがサンパーとの関係を振り返るために、チェックリストを使った結果を見てきました。次に私たちは、こうした発見がいかに完結に変わるのかを説明します。

# 第23章 リストを元に特別の手紙を書く

四歳の子の飼っていたハムスターが死んでしまって、そのハムスターへの気持ちを言葉にすることで、感情を完結できた話を紹介しました。その子の母親は、悲しみからの回復の原則に関してよく知っていました。ですから、さらに、息子がハムスターにかけた言葉を繰り返し言うことが重要だということ、また、そうした思いや感情は声にだして言うこと、だれかに聞いてもらう必要があることを知っていました。庭に埋葬する際には、母親はその子にハムスターへの気持ちを言葉にすることをすすめています。

この子は、悲しみの感情を完結するために重要なことを、はっきり正確に表現することができました。母親はチェックリストで援助する必要がなかったのです。なぜなら、彼はまだ幼かったし、ペットとの関係も短かったので、彼が記憶していることを書いたりする必要もなかったのです。

ジェシカは一四歳で、一〇年間、犬のサンパーと過ごしましたが、両親が関係性の見直しを助け、チェックリストを使うことで援助を受けました。彼女の物語はもっと長く複雑でしたので、彼女がサンパーに言う必要のあったこと、彼女が感情を完結するのに助けになる回復の要素が、リストの中に含まれているのをチェックすることも必要でした。

彼女が関係の見直しで見つけた多くの感情を、整理するもっともよい方法は手紙を書くことでした。深い悲しみからの回復のための手紙は、普通の手紙とは違います。また、ニュースレターや日記とも違います。それは、死んだペットや亡くなった人と子どもとの関係における「謝罪、許し、情緒的に重要な言葉、そしてよい思い出」を書く、特別な手紙です。

この完結の手紙には、いくつかの目的があります。一つは、言う必要のあることと、子どもが言いたいことのすべてを書くこと。それは、思いや感情を内側にしまいこむ罠にはまらないためです。

この手紙はまた、もはや存在しない物理的な関係に、子どもがさようならを言うためのものでもあります。情緒的、精神的な関係が続いても、死は物理的な関係を終わりにします。完結は、子どもに物理的に「さようなら」を言うことができるようにすることです。

## ジェシカの手紙

両親の援助で、ジェシカはサンパーとの関係を振り返りました。そしてジェシカは、サンパーとやり取りしあう必要のあることをいくつか見つけました。亡くなったペットとの間には、「違っていたら、よりよかったら、もっと○○なら」と切望する感情があります。彼女がすでに何度も言ったことでしたが、もう一度それらを言う必要がありました。いくつかのことは初めて言うことでした。

前にも言ったように、人とペットとの関係は、人間同士の関係に比べればそれほどは複雑ではないという傾向があります。そのため、ペットに対しては謝罪も、許しも少ないものです。むしろ、人間と動物との間には多くの感謝があるものです。しかし、謝罪と許しとが関連するときには、注意をしなければなりません。

もう一度、伝えられていない情緒的な思いと感情を、子どもが表現するのを助けるために、四つの基本的なカテゴリーを示します。

☆A（Apologies）／謝罪。「ごめんなさい」。

☆F（Forgiveness）／許し。「私はあなたを許します」。あるいは「悪いことでしたが、もういいです」

☆SES（Significant emotional statements）／情緒的に重要な言葉。謝罪や許しではなく、言う必要のあること、四つの中でも本当に重要なもの。

☆FM（Fond Memories）／楽しい記憶。「ありがとう」「感謝しています」。これはとくにペットとの関係で重要。

ここに、ジェシカと彼女の両親でつくったリストがあります。サンパーとの数年間に及ぶ関係の中で起こった重要なことです。

☑初めの魔法のような瞬間、あるいは、はっきりした記憶
☑ペットに名前を付ける
☑初期のトラウマ／家に侵入、一晩中鳴く
☑初期の楽しみ／鼻をすりよせる、遊ぶ
☑子どものベッドでいっしょに寝る
☑逃げる／いなくなる、戻ってくる

☑エサをやり忘れる、そうじを忘れる
☑信頼の結びつき／親友、秘密がない
☑お客に友好的　□非友好的
☑獣医に受診する

☆長期の病
☑病気になる／診断、治療、投薬
☑痛みと病を見ているストレス
☑ペットを永遠に眠らせる決意
☑最後の日

ジェシカの両親は、ジェシカに出来事リストをつくることと、サンパーに手紙を書くように勧めました。普通の手紙ではなく、特別の手紙を。ジェシカがサンパーに謝罪し、許し、感謝する手紙です。彼女はリストと便箋とティッシュペーパーを持って自分の部屋に行きました。

ジェシカは手紙を書き、泣きました。そして、さらに泣き、最後の部分にきました。彼女の許しを得て、私たちはここにその手紙を載せます。それぞれの段落の最後に、どのカテゴリーにその言葉が当てはまるか、略号を付けました。謝罪は「A」を、許しに「F」を、「SES」は情緒的に重要な言葉、そして「FM」は楽しかった記憶と感謝です。

## ジェシカのサンパーへの特別な手紙

大好きなサンパーへ

私たちがいっしょにすごしたときのこと、よくおぼえているわ。いま、あなたに伝えたいことがいくつかあるの。

とっても幸せな記憶の一つは、管理施設であなたにあった日のこと。あなたは丸まって寝てたわね。私はまだ幼かったけど、その日のことをよくおぼえています。そしてあなたが入っている箱を抱いて、車で家に帰りました。あなたの小さなシッポが、箱の中でパタパタと音を出していたのを覚えているわ。［FM］

あなたは、家に来たばかりのとき、とてもこわがっていたの。だから一晩中鳴いていた。私は両親があなたをまた施設に戻してしまうのではないかって、とても心配したわ。

お人形さんの洋服を、むりにあなたに着せたりしたことがあったわね。わざとではないけれど、あなたの足を踏んづけてしまったこともあった。ごめんなさい。そして、大声を出して怒ってしまったこともね。本当にごめんなさい。［A］

サンパー、あなたは私の人生でもっともすてきなものの一つだったわ。あなたはいつも私といっしょに寝てくれた。あなたがそばにいてくれてうれしかったし、とても安心だったわ。私のそばにいてくれてありがとう。両親がそうさせてくれたのもうれしかったわ。［SES＋FM］

あなたがまだ小さくて、じゃれていたころ、家の外に出てしまって、道路まで行ってしまったことがあったの。私、思わずさけんで、ママといっしょに追いかけたのよ。あなたがけがをするんじゃないかって、とてもこわかった。それが今までで一番こわかったことよ。でも、あなたが私をこわがらせたことは許しているわ。あなたがけがをしなかったことがうれしかったから。［F＋SES］

最悪なことの一つは、私がご飯をあげるのを忘れてしまって、あなたがガレージに置いてあったごみ袋を破いて、中身をあちこちに散らかしてしまったこと。ご飯をあげるのを忘れるなんて、本当にごめんなさい。そのせいで、あなたとママが面倒なことになってしまった。私のせいなの、私があなたにきちんとご飯をあげなかったからよ。ママが大きな声を出したのも、みんな私のせいです。［A］

サンパー、私は何百回とベッドに横になってあなたと話をしたわ。私はなんでもあなたに話せたし、あなたにはなんの秘密もなかったの。私になにが起きているか、全部あなたに話せたから、私はとても気分がよかったわ。いろいろな問題を解決するのにとても役に立ったの。時々あなたは、あたかもよく聞こえているよというように、頭を反対側に傾けたりしていたわね。私の話していることがちゃんとわかっているみたいだった。あなたはいつも何でも聞いてくれた。本当にありがとう。［FM＋SES］

サンパー、あなたは、ちょっと変わった犬だった。あなたがすきだったぬいぐるみのことだけど、わたしは、あんなにおかしくて笑ったことはなかったわ。あなたがぬいぐるみを、みんなのいる前でどさっと落とし、みんなを見上げ、また落とし、まるでみんなに、私にはとてもかわいい赤ちゃんがいるのよ、というようにやったこと。あのやり方はしつこかったわよね。私は決して忘れないわ。［FM］

あなたがいなくなってから、いろいろなことを思い出しました。あなたが私をとても愛してくれたのを覚えています。私が学校から帰ると、毎日とても興奮して喜んでくれた。「きみが世界中でいちばん大好きなんだ！」と言ってくれているみたいだった。あなたがあなたであってありがとう。そして私が私であることをうれしくさせてくれてありがとう。［FM］

あなたが私のほうを見たけど、でもちゃんと見ていなかった日。そんなことはそれまでに一度もなかった。次の日にも同じことがあって、あれほど驚いたことはなかったわ。［SES］

獣医さんのところに行くときは恐ろしかった。そしてあなたがガンだとわかった日、それはもうとてもひどい日でした。本当につらかったの。だって、私はあなたが痛みを感じたり、いろいろな治療をしなければならないなんて、絶対いやだって思っていたから。あなたを守ってあげたかった。ごめんなさいね、あなたが苦しまなければならないなんて。［SES＋A］

サンパー、あなたが私といっしょに住むようになった時、多分私がまだとても小さかったからだと思うけど、あなたがいない生活なんて考えられなかったわ。あなたの体がもう良くなることはないって知った時、あなたがここにいなくなったら、私の生活がどうなってしまうのかって考えました。そのことは考えたくなかったけど、でも、その考えが私の頭に浮かんできてしまって困ったの。あなたのこと覚えているかぎり、私は泣き続けると思うわ。だって、あなたはいつもここにいたんだから。今、目が覚めて、あなたがここにいないって気がつくと、とてもつらい。あなたに会いたいわ。［SES］

すべて命があるものはいつかは死ぬ、ということを理解できる年齢にはなったけど。私だっていつかは死ぬことも知っているしね。でも、そういうことを知ったからといって、決して気分はよくならないの。こうしたことを全部話すと少しだけ気分が落ちつくわ。いつもいっしょにいて楽しかったことを思い出すと、うれしくなるの。そして夜、いつもあなたが私の隣で寝ていてくれて、私が六年生の時、初めて男の子に夢中になった話をあなたが聞いていてくれているときのことを思い出すと、心が少し暖かく、ふわっとした感じになるの。ありがとう、話を聞いてくれて。私のことを大好きになってくれてありがとう［SES＋FM］。

大好きよ、あなたにもう一度会いたいわ。あなたのことを、絶対忘れないわ。
さようなら、サンパー。

ジェシカは、いくつかの文章の初めを「サンパー」で書きはじめています。こうした書き方は、手紙を書く際も読む際にも、感情を表現しやすいし、また受け取りやすくなります。ですが、こうした書き方をしなくても問題ありません。

ジェシカは手紙を書き終えたあと、両親にそれを見せました。彼女の母親は、声を出して読んでもらえるか聞きました。彼女は読むと言いました。母親は、ジェシカに読むまえにしばらく目を閉じて、サンパーのことを思い浮かべてみたら、と言いました。

ジェシカは目を閉じ、サンパーを思い浮かべ、サンパーのぬいぐるみが彼女の頭に飛んできた場面を思い浮かべました。ジェシカは笑みを浮かべ、読みはじめました。手紙を読むにつれ、ジェシカは時々笑い、時々泣きました。母親と父親は少し離れたところに座って聞いていました。二人とも目に涙を浮かべていました。

ジェシカがもう少しで手紙を読み終えるという時、彼女は読むのをやめました。「大好きよ、あなたにもう一度会いたいわ、あなたのことを、絶対忘れないわ」と言った後、彼女は読むのをやめたのです。涙が彼女の顔をしたたり落ち、そして言いました。「さようなら、サンパー」

この最後の言葉を言った後、涙がぼろぼろこぼれました。母親はさっと立ち上がり、やさしくジェシカを抱きしめました。ジェシカは思いきり泣きました。しばらくして母親は離れ、今度は父親が抱きしめ続けました。ジェシカが泣きやんだとき、母親はジェシカにしばらく目を閉じて、サンパーのことがまだ目に浮かぶかどうか尋ねました。彼女は目を閉じ、すぐさま微笑んで、まだサンパーのことが思い浮かぶ、と言いました。母親は、ジェシカにあなたがサンパーにさようならを言っても、サンパーを失ってしまったわけではない、ということを知らせたのでした。

喪失を振り返り、手紙を書き、それを読むことは、ジェシカがもう悲しくなくなる、ということを意味しているのではありません。また、サンパーに会いたくなくなる、ということでもありません。それではどのような意味があるかというと、彼女が言うべきことを言い、その結果、サンパーが存在していない彼女の新しい生活環境に適応するために必要な気持ちに切り替わる、それがすなわち感情を完結するということなのです。

母親は、自分自身の喪失のために私たちから学んだいくつかの方法を、ジェシカに伝えました。たとえば、ジェシカが手紙に書いたことを思い出すたび、目を閉じ、それを言葉にして言うこと、そしてそのたびに、「大好きだよ。もう一度会いたい。絶対、忘れないよ。さようなら、サンパー」と繰り返すこと、それはとてもいいことだと説明しました。そして、最後に「さようなら」ということがとても重要だとも言いました。

## 全く異なること、しかし全く同じこと

私たちは、喪失を比べたりはしません。そして、完結のための言葉を比べることもしません。しかし、ここでだけ、そのルールを破ってジェシカの手紙と、四歳の男の子のハムスターに言った言葉とを比較してみましょう。

それぞれの言葉は、特別で個別の関係性を示していますか。
それぞれの言葉は、それぞれの子どもにとって情緒的な真実に焦点を当てていますか。
それぞれの言葉は、未完の感情、あるいは、伝えられていなかった言葉を完結していますか。
それぞれの言葉は、さようなら、で終わっていますか。

すでにおわかりのように、すべての質問に対する答えは、「はい」です。小さな男の子は、言う必要のあることをほんの少しの言葉で言っています。一方ジェシカは、数ページ使っています。しかし、それぞれの言葉は、それぞれの子どもにとって真実を表しています。

四歳と一四歳との間には、異なった世界が存在します。しかしながら、感情を完結するために必要なことは、同じように含まれています。どの子もそれぞれ特別な存在で、それぞれの関係性は特別なものです。四歳の子は短い言葉で、一四歳の子は長い手紙を書きました。その差異はあっても、私たちがみなさんに示した要素をどちらも含んでいます。九歳の子がいたならば、二つの間のどこかに位置するかもしれませんし、年齢だけではなく、子どもはそれぞれのやり方をするでしょう。でも、みなさんが覚えていてほしいもっとも重要なことは、みなさんの仕事は、子どもたちが何が適切かを見つける手助けをするということです。

次の章では、関係性の見直しと、亡くなった祖母に当てた十代の女の子が書いた手紙を見ていきます。

# 第24章　とても親しい祖母との別れ

この物語は、アマンダという名の少女と、ナナと呼ばれる彼女の祖母との物語です。アマンダと両親は、ナナが亡くなったあと、この話を私たちにしてくれました。ナナが亡くなる二年前に、アマンダの母親と父親は、私たちの開いている「悲しみを癒すためのワークショップ」に参加しました。それは、アマンダの祖母が亡くなった時、彼女をどう援助できるか、何が正常で何が自然な反応なのかを知る必要があったからでした。

アマンダは、フィラデルフィアに生まれました。彼女の両親ロンダとジャックは、アマンダが生まれる日が近づくにつれ、ドキドキしてきました。彼女は彼らの初めての子どもでした。

ロンダの母親は、フロリダに住んでいました。彼女は、最初の孫の誕生をじっと待てずに、フィラデルフィアまでやってきました。

アマンダは、祖母に最初にあったころのことをはっきりとは覚えていませんが、祖母はいつも彼女のそばにいたような気がします。祖母は、多くの時間をアマンダとともに過ごし、生まれてすぐにできた絆をますます強めていきました。

祖母は、旅が好きではありませんでした。しかし、フロリダに帰ると、次はいつフィラデルフィアに行くかの計画を立てるのでした。祖母は友人にいつもこういうのでした。「私の小さなアマンダに会いに、フィラデルフィアに行くのよ」と。祖母の友人たちは彼女をからかって、「フィラデルフィアでなく、アマンデルフィアって呼んだらいいのに」と言うのでした。

アマンダが少し大きくなると、母親は祖母と電話で話させようとしました。アマンダは、祖母の声かどうかよくわからず、「ナナ?」と呼びかけたので、それから祖母の呼び名は「ナナ」になりました。祖父は、いつのまにか「パパ」になりました。

ナナは暇があれば、いけるかぎりのお店の子ども服売り場で過ごし、ほぼ毎日、フィラデルフィアへ小包を送りました。アマンダが四歳の時にはすでに、彼女と祖母は信じがたいほどの強い絆で結ばれていました。祖母が尋ねてくるのが待てなくなって、アマンダもナナに会いたいという気持ちが募りました。ちょうどその頃から、アマンダのはっきりした記憶が残っています。

彼女の四歳の誕生日パーティは、記憶にしっかり残っています。アマンダは、パーティで友だちにナナを紹介しました。友だちは、「ナナって、なあに?」と聞きました。アマンダの母親が、アマンダが電話で初めて「ナナ」と言ったときのことを話しました。何人かの子どもたちが、その後、自分の祖母のことを、「グラニー」とか「ナニー」、「グラン」と呼んでいる理由を話したのでした。

ナナがしばしば訪ねてくることは、両親にとって喜ばしいことであり、感謝もしていました。祖母がアマンダの面倒をみてくれる間、二人は映画を観に行ったり、子どもと離れた自由な時間を過ごしました。アマンダにとっても、祖母との時間は特別なものでした。ナナは、アマンダの特別な親友だったのです。ナナは、怒ったり小言を言ったりしませんでしたから、いっしょにいると気分がいいし、安心でした。

アマンダが二歳の頃、家族で祖父母をフロリダに訪ねたことがあります。アマンダは、その旅行のことを記憶していません。彼女は、六歳の時の旅行は覚えています。ナナの家についた後、両親はクルーズに出かけたので、アマンダは、祖父母とまる一週間過ごしました。彼女はとても興奮していました。この物語の大部分がアマンダとナナの物語ですが、アマンダは、パパともすばらしい関係を持っていました。

この旅を振り返ってみて、アマンダはナナとの関係が変わったことに気がつきました。それはその週の間、長い時間ナナと話をしたからです。ただ遊んだり買い物に行ったりしたのではなく、ナナの子ども時代の話を聞きました。その話にアマンダはとても夢中になりました。

それからアマンダは、ナナとパパの二人がどういう生活をしているかも知ったのです。

アマンダが幼い時、多くの時間、ナナはフィラデルフィアにいました。パパは、フロリダにいました。時々休日にパパがいっしょにきましたが、ほとんどはきませんでした。二人の関係を示す言葉は、「スイート（甘い、やさしい、快適な）」で、彼らは互いに思いやり、愛し合っている夫婦でした。だから、アマンダは彼らのそばにいるのがとても気分がよかったのでした。

アマンダは、母親のロンダが、ある意味でナナのようであり、またある意味ではパパのようでもあると感じ始めたことを覚えています。アマンダは、自分がだれに似ているのかを考え始めたことに気づいたのでした。そしてナナにすべての疑問を尋ねるのでした。もちろん、ナナはいつもアマンダは特別な存在なのだと言ってくれました。

次の八年間は、ほとんど同じように進行しました。ナナは、できるだけ多くフィラデルフィアにやってきました。少なくとも一年に一回はやってきました。アマンダも、ナナとパパに会いにフロリダに行きました。ナナは、アマンダの学校での出来事の多くに顔をだし、そして行かれない時には電話をするのを忘れませんでした。

いつも、アマンダはナナがすばらしいと感じていました。二人はとても良く似ていて、まるで一つの頭と心を二人で使っているかのようでした。でも、整理整頓についてはちがいました。ナナはきちんとしていて、アマンダは無頓着でした。ナナの家では、洋服、人形、おもちゃは決まったところに置かれています。けれど、ナナはアマンダがきちんと整理しないことを気にしている様子はありませんでした。

ナナとパパは、南フロリダの小さなコンドミニアムに住んでいました。彼らは書斎をアマンダが使える部屋に改造しました。ナナは、かわいい孫娘のために時間を費やして、部屋をきれいに飾りました。アマンダが六歳の時の旅で、整理整頓の問題が初めて湧き上がりました。振り返ってみると、アマンダが幼い時、ナナは細かく言うことはなかったのですが、六歳になったとたん、ルールが変わったように見えました。アマンダが理解できず、あまり好きになれないナナに接したのは、それが初めてのことでした。

ある朝、ナナはアマンダの部屋に入ってきて、服が床中にまき散らかされているのを見つけました。アマンダは、何を着ようかなかなか決められずに、とても迷っていたのです。ナナはかんかんになりました。アマンダは、今までナナがかんしゃくを起こすのを見たことがありませんでした。ナナの声はかん高くなり、態度も乱暴だったので、アマンダはすっかり面食らってしまいました。

フィラデルフィアの家に戻ってから、そのことについて母親と話しました。母親は、ナナが変わることはありえないから、フロリダにいったときは、ナナに合わせるようにしたほうがいい、と言いました。アマンダは、そのときから、ナナの家にいるときにはきちんとするようにベストを尽くしたのです。しかし、彼女がどんなにがんばっても、ナナが気に入るようには見えませんでした。こうしたことは、ナナが生きている間に話すことができなかったことの一つでした。

アマンダが、ナナの姉で大伯母のシルビアと話をしたのは、ナナの葬儀の時が初めてでした。シルビアによると、二人は、両親の言うように部屋をきちんと片づけないと、罰を与えられたそうです。両親はとても厳しく、罰を与えられることは、ナナに生涯忘れることのできない衝撃を与えたのでした。アマンダはそのことを、ナナが亡くなってから知ったのです。

アマンダの一三歳の誕生日は大きな出来事でした。ナナはお祝いに参加するためにフロリダからやってきました。アマンダの親友たちは、すでにナナを知っていて、とても好きでした。けれど、みなさんがもうご存じの通り、ナナはだらしのない孫との問題を抱えていましたから、台風のようにさわがしい一三歳の女の子の集まりに、どんな反応をしたか想像してみてください。その時まで、アマンダは少なくともナナと楽しく過ごすことができていたのですが。とくにナナが仕切っていない、アマンダの家では。

誕生日パーティの翌日、アマンダとナナは長い散歩をしました。ナナは、アマンダが将来どんな職業につきたいかなど、希望を知りたがりました。アマンダは「芸術に興味をもっている」と話しました。

アマンダは、心の目でイメージを広げ、それを紙の上に描くことができました。また、木炭でさまざまなものをスケッチしていました。ナナは、じっとその話を聞き、家に戻ると、アマンダから絵を何枚か見せてもらいました。

ナナが絵を見終わった時、アマンダはナナに、目を閉じて手を前に出して、と言いました。ナナが言われたとおりにすると、アマンダは、ナナの指と指の間に何かをはさみました。そして、目を開けるように言いました。ナナは、手に紙をもっていました。そこには、ナナが木炭で描かれていました。ナナは椅子に座り、その絵を見て涙を流しました。アマンダはひざまずき、ナナを抱きしめました。

運命がそうさせたのか、それがアマンダとナナの最後の対話になりました。

その日遅くなって、アマンダはサッカーの練習に行きました。ナナとロンダは、キッチンでお茶を飲み、それからナナは少し寝ることにしました。数分後、ナナの部屋から喉をつまらせたような音が聞こえ、ロンダは急いで部屋へ走りました。部屋の中では、ナナが心臓発作で苦しんでいました。ロンダは叫び声をあげ、ナナに駆けよると、あわててベッドのそばにあった電話で救急ダイヤルをしました。救命救急士がすばやく到着しましたが、ナナは息をひきとりました。

混乱の場で、ロンダは事務所にいるジャックに電話をしました。その狂乱の電話が終わると、ジャックは受話器を置き、車に乗り、サッカー場にいるアマンダを探しにいきました。その時のことを思い出すと、ジャックは今も震えるのです。ジャックは、義母をとても敬愛していたので、ナナが死んでしまったことで深く傷ついていました。また、彼は、自分の妻をとても心配していました。彼女はひどいショックを受けた状態だったからです。そしてもっとも心配したのは、この知らせがアマンダにどんな影響を与えるかでした。この出来事をどのように娘に話したらよいのか、彼はまったく思いつきませんでした。

ジャックは車をサッカー場の駐車場に止め、競技場へと走りました。アマンダは、父親が走ってくるのを見て、何かよくないことが起きたと感じました。瞬間的に母親がどうかしたのかと思い、それが母親ではなくナナであることを直感的に知りました。彼女はその瞬間のことを覚えていて、あたかもおなかをパンチされたような感じがしたそうです。彼女は父親にかけよったのですが、まるでスローモーションのように感じました。

彼女は、父親までほんの数メートルになったとき、「ナナが？」と聞きました。父親はうなずくのが精一杯でした。彼女は「死んだの？」と言いました。再び彼はうなずきました。彼女は父親の腕に抱かれ、泣きじゃくりました。その時までに、ゲームは中止になり、チームメイトとコーチは、少し離れたところに立ちすくんでいました。彼らの多くがナナを知っていたのです。

アマンダとジャックは、お互いに支えあいながら車まで歩きました。二人が車に戻った時、ジャックは安全運転をするために、涙でくもった目を乾かすのに数分間待たなければなりませんでした。アマンダの記憶では、彼女は自分の体が自分のものではないように感じ、無感覚でした。

家に着くまでに、アマンダは何が起きたのかを尋ねました。父親は、ナナが重症の心臓発作を起こしたこと、救命救急士は助けることができなかったと、ただ繰り返すだけでした。

母親の死というショッキングな現実と、救命救急士からのくわしい説明と、家に集まった人たちに対応することに、ロンダは圧倒されました。ロンダは、私たちの電話相談に電話をかけてきました。

ジョンとラッセルは、母親の死を巡るロンダの感情を、まず話すようにと言いました。そうすることで、彼女がしなければならない未完のコミュニケーションを完結するための、準備をしなければならなかったからです。それから、ジョンとラッセルは、すでに自然に振り返りの作業が起きていることを伝えました。そして、ロンダがアマンダを援助するために、情緒的なエネルギーのチェックリストを使うことを提案し、使い方のいくつかのポイントを彼女に説明しました。

ロンダは、ジャックとアマンダの帰りを待っていました。ナナの突然の死を知らせる何件もの電話をしなければなりませんでしたが、まず、フロリダにいるパパにこの悲劇的な知らせをしなければならず、二人にそばにいてほしかったのです。

三人は、まるで流砂の上を歩くような思いで、午後から夜までを過ごしました。夕方頃、三人はダイニングのテーブルを囲んで座りました。電話が鳴るのも止みました。そして彼らは話し始めました。ある部分は自然に、ある部分は意識的に、ナナとの関係について話し始めたのでした。ロンダにとってナナは母親であり、ジャックもまた、ロンダと結婚してからは、ナナのことをママと呼んでいたのです。三人は敬愛するナナについて話すにつれて、笑い、泣き、そしてたくさんのことを思い出すのでした。共通の話がいくつかありましたが、それぞれ、何年にもわたる自分自身のナナへの特別の思いを話しました。ジャックが言いました。「いつもぼくは、ナナにあなたのことをとても大切に思っているよ、と話していたけど、ナナに話してなかったこともあった気がするよ」と。

ジャックの言葉に刺激されて、アマンダとロンダも、それぞれナナに言わなかったことがあったかどうか考えはじめました。自然な振り返りが続けられるにつれて、ロンダは、電話でジョンとラッセルが言っていたことを思い出しました。ロンダは、自分のため、ジャックのため、そしてアマンダのために、情緒的エネルギーのチェックリストを使うことにしました。

アマンダは、いくつもの異なったカテゴリーに多くのエネルギーを持っていました。その日の夜から数日にわたって、アマンダは、彼女がナナに話したかったこと、伝えたかったことをたくさん見つけることができました。

## 情緒的エネルギーのチェックリスト～祖父母、親戚、親しい人の死

もう一度みなさんに伝えておきたいのですが、このチェックリストはあくまでもガイドです。これは、子どもに情緒的なエネルギーを生み出す可能性のある出来事が起きたときに、子どもに思い出すことができるように援助する、みなさんを助けるためのものです。このリストはいろいろな要素を含んでいるので、すべてのカテゴリーにおいて、子どもがエネルギーをしまいこんでしまったり、伝えられていないコミュニケーションを持ったりすることはありません。子どもによっては、話したいと思ったり、話す必要のあることを含んだカテゴリーは、二～三しかないかもしれません。

また、このリストは、亡くなった人と子どもとの関係性の振り返りを助ける方法として使うためのものです。子どもたちにとっての真実を見つけることを、リストを使って注意深く援助してください。みなさんはこのリストを手元に置くことが、子どもと話をするときにとても便利であることに気がつくはずです。リストの最後に記録をする場所がありますが、大きいお子さんには、このリストを持たせてもかまいません。彼ら自身に記録をさせてみてください。

☑出会い、あるいは最初の気づき
☑母親、あるいは父親の両親（あるいは、その他の関係）
☑ニックネーム（呼び名）
☑彼らが子どもの面倒を見た（ベビー・シッターなどをして）あるいは、彼らの家に滞在した
☑罰することがあった、あるいは放任した
☑ギフト、あるいはギフトがなかった、あるいは、兄弟姉妹にもギフトがあった、その他の人にも
☑彼らの家に行った
☑子どもの家に来た（子どもは彼らが来ると、自分の部屋を明け渡さなければならなかった）
□匂い／□アルコール　□香水　□薬　□タバコ
□祖父母が母親や父親と言い争った
☑とても安心、いっしょにいやすく、話しやすい
□怖い
□頬を強くつねる、からかう、恥ずかしいおもいをさせる

☑特異な性格／□肯定的　□否定的
□近所に住んでいる
□頻繁に会う
□訪ねるのが楽しい□いや
□あまり会わない／□そのため幸せ　□あるいは悲しい
☑遠方に住んでいる
□あまり会わない
☑頻繁に訪ねる
☑頻繁な電話／□うれしい　□いやだ
□めったにない電話／□そのため幸せ　□あるいは悲しい
☑祖父母がお互いにどういう関係かを子どもが観察する
□親が祖父母とどういう関係かを子どもが観察する
☑親が休暇でいない時、祖父母といっしょに暮らす／□好き　□きらい
□親が怒っているとき、祖父母と暮らしたい
□学校やその他の場所での出来事／□好き　□きらい
☑学校での出来事、誕生日など／□好き　□きらい

☆**長期の病**（このセクションは、ナナが突然亡くなったため関連がありません）
□最初に病気に気がついたとき、反応

□親の反応を子どもが観察する
□診断、治療、投薬、特に関連すること
□病気に関して親が感じたことをどう話しているか
□子どもが祖父母に話しかけることは許されているか
□子どもは自ら話したいか
□子どもが話せる人は他にいるか
□訪問したときに何が起きるか
□病が末期だとわかった時、どのように話すか
□死の危険性があることを、子どもたちはだれと話すことができるか
□子どもにその気がないのに、親が訪問するように言ったり電話をするように言ったか
□終末に
□最後の日々の状況や出来事で子どもがおぼえていること
□そうした出来事に対する反応（反応がない場合も）
□子どもも病院（あるいは、ホスピス）にいたか。子どもに選択肢はあったか
□子どもには、どうなっているのかを安心して話せる人がいたか
□子どもは親の感情にかかわろうとしたか

☆最後の日、あるいは突然の死

□遠くからの電話

☑だれが、どのように子どもに話したか
☑子どもに与えた情緒的衝撃、もしあれば
☑親は子どもの前で感情をしめしたり表したりしたか
□子どもは家庭で、それとも病院でベッドサイドにいたか
☑最後の意識のあるやり取りは　□電話、あるいは自分で
□もし、意識がなければ、子どもはともかく話したか
☑その状況で子どもが安心して話せる人はいたか

☆葬儀、埋葬など

第33章で、子どもたちが葬儀に参列する際の様々な疑問に関して論じています。みなさんが子どもたちにかかわって、何かを決める前に読んでください。

亡くなった人との記憶を持ち続ける子どもたちを援助するためのカテゴリーは、次のようなことです。特別なできごとや行事は、もう今はここにいない人を思い出し、行動する引き金になります。これは、アマンダにとっては大きなカテゴリーになります。くわしく説明しなくても、ナナがもはやここにはいないということに、アマンダが気づかされるたくさんの出来事があることを、みなさんは容易に思い浮かべることができると思います。

☆死の後に時間を追って起きる出来事
□休日、誕生日、その他の特別な日

□発表会、スポーツイベント、芸術祭
□卒業式、宗教上の儀式
□両親のけんかや離婚（重要、もし安心して話せる祖父母が亡くなっている場合）
□将来…経歴、結婚、そして子ども

☆記録

私たちは、子どもが関係性の中でため込んだ情緒的なエネルギーを、可能な範囲ですべて表現するように、情緒的エネルギーチェックリストを作るよう心がけました。もう一度言いますが、おそらくみなさん自身も同じように、カテゴリーの多くで情緒的なエネルギーを発見するはずです。

ジェシカがサンパーに書いた手紙の中で、それぞれの段落ごとに回復のカテゴリーを示しましたが、みなさんが次のアマンダの手紙を読めば、それぞれの言葉が回復のカテゴリーの一つ、あるいは二つ、三つと当てはまることがわかると思います。

## アマンダのナナへの特別な手紙

大好きなナナへ

いっしょに過ごしたときのことを思い出しています。そして、あなたに伝えたいことを見つけました。あなたが亡くなってからの数週間は、とても大変でした。あなたがいないことを思いだすたび、私はとても苦しかったです。私は、何かで落ちこむたびに、あなたに電話をして話すことができたらと思っています。今、私は前よりも深く傷ついていて、あなたと本当に話がしたいのです。とても会いたいです。

ナナ、いっしょにいたときはいつも、とてもすばらしい時間でした。でも、あなたにお詫びしたいことがいくつかあります。

私の友だちに、あなたのことをなんでも整理してしまう「ヘンな人」と言ったことです。それは悪いことでした。ごめんなさい。

あなたにやさしくしなかったときもありました。ごめんなさい。

あなたが話しているのにちゃんと聞かなかったこともあります。ごめんなさい。

あなたに本当のことを言わなかったことが二度ありました。それも本当にごめんなさい。

ナナ、あなたが私の部屋に入りこんで、かってにかたづけたことを許します。

私が言ったこと、やったことに対して、あなたが賛成してくれなかったことを許します。

あなたが私の友だちの何人かがきらいだったことを許します。

私は、なぜあなたがなんでもきちんと片づけることに夢中だったのか知りませんでした。お葬式で、あなたのお姉さんと話して、あなたがまだ小さな女の子だったころ、散らかしていると両親から罰せられたことを知りました。今は、あなたのことが前よりも少しわかるようになりました。

あなたは、私が今までに会ったどの先生よりもすばらしい先生でした。私に忍耐強く接してくれてありがとう。

あなたは旅行がきらいでした。なのに、私の家に何度も来てくれました。数えきれないほどです。そのことを考えると、あなたは自分がきらいなことをしてでも、私を愛してくれたのだとわかりました。何度か、あなたが私を本当に愛しているのか疑ったことがあります。いつも愛してくれてありがとう。

あなたとパパが、互いに愛し合い、やさしかったことが私はうれしかったです。

ナナ、あなたの人生の最後の日に、私にはすてきな思い出があります。それは、私があなたを描いたスケッチを渡したことでした。絵を見ながら、涙があなたの頬を伝わって流れました。その時のあなたの顔を忘れることはありません。

あなたが私に下さったすべての贈り物に感謝します。もう一度ありがとうって言いたいです。

あなたが下さったものはすべて貴重なものです。

ナナ、あなたがいてくれたことに感謝します。私を愛してくれてありがとう。私の人生で起こり得るすべてのことを見るために、あなたがそこにいないのはとても悲しいです。あなたに何でも話すつもりでいます。あなたがここにいなくても。

愛しているわ、ナナ。とても会いたいです。

さようなら、ナナ。

# 第25章 父への手紙

この本は一人の母親からの電話で始まっています。「私の息子の父親が死にました。どうやって息子を助けたらいいのか知りたいのです」というものでした。その状況がどのような結論に至ったかを、みなさんにお話しすると約束いたしました。その子の名前はジェフリーと言います。

私たちの援助を得て、ジェフリーの母親は、息子が父親との関係を振り返るための手助けができ、息子が言う必要のあったことを手紙に書く手伝いもすることができました。ジェフリーは、父親との関係を振り返り、父親に手紙を書きました。

ジェフリーと父親は、類のないほど仲のよい親子でした。二人の最大の楽しみは、ハイキングでした。ジェフリーの父は、地方都市で育ちました。そのためか、屋外での活動が大好きだったのです。まだジェフリーが歩けなかったときから、父親は彼をハイキングに連れていき、動物や樹木、そして自然の偉大さを教えたのでした。

ジェフリーは父親から、九歳の誕生日に、ハイキングのためのブーツとスイス製のアーミーナイフをもらいました。ある時、父親は職場を早めに出て、三時にジェフリーの学校に姿を見せ、ジェフリーを驚かせました。そして二人は、計画していないハイキングに行ったのです。ジェフリーは、こうした出来事が最大の楽しみでした。彼らは静かな場所を探し、ただ座って話をするのでした。

多くの親子のように、彼らは時折衝突することがありました。父親は、常識的で穏健な、秩序ある生活をしていました。ジェフリーは多少衝動的な傾向がありました。彼らが衝突するのは、彼らのスタイルの違いがたいてい原因でした。ジェフリーは、自分にまちがいがあっても、それを認めようとしないところがありました。そして謝罪することがとても下手でした。

学校の友人には、家庭の問題を抱えている人が何人かいましたが、ジェフリーはすばらしい父親がいて、自分はとても幸せだと考えていました。

## ジェフリーの手紙

大切なお父さんへ

いっしょにすごしたときのことを思い出しています。そして、お父さんに言いたいことがあるのに気がつきました。

お父さん、とても会いたいです。

ぼくはいつも頑固でした。ごめんなさい。

お父さんと口論したこと、ごめんなさい。

時々、お父さんはぼくに対して厳しかったけど、許します。

お父さんは、議論で一度もぼくに勝たせてくれなかったけど、許します。

お父さん、ぼくは山を見ながら、いっしょにハイキングに行った時のことを考えます。

スイス製のアーミーナイフを、ずっと大切にします。だって、それはぼくにお父さんのことを思い出させてくれるからです。

お父さんはとても頭のよい人だと思います。何度議論しても、お父さんはいつも勝っていたね。

お父さんのことを誇りに思います。それをちゃんと伝えたことはなかったと思うけど。

ぼくがどれほどお父さんのことを誇りに思っていたか、お父さんは知っていたと思います。

お父さん、お父さんが死んでしまったなんて、とても悲しいです。こんなに不公平なことはないと思います。

お父さんが大好きです。会いたいです。

さようなら、お父さん。


みなさんは、ジェフリーの手紙とジェシカとアマンダの手紙のかなりの違いに気がつくと思います。ジェフリーがこの手紙を書いたのは、九歳の時でした。ジェシカとアマンダは、一三歳と一四歳でした。二人の手紙は、二人の関係性、年齢、そしてコミュニケーション・スキルがくわしく表されています。しかし私たちは、決して悲しみや回復、そして完結を比べようとはしないことを覚えておいてください。

それぞれの手紙は、四歳の子のハムスターに宛てた言葉のコミュニケーションもまた同じように、それを書いた個人として的確なものなのです。子どもたちが成長するにつれて、終わってしまったか、変わってしまった関係性に対する、新しい思いと感情を抱くことになるでしょう。

## 新しい発見

関係の見直しと手紙は、子どもたちの生活に影響を及ぼした人、動物、あるいは出来事に関して、彼らが覚えている感情や思い、考え方を情緒的に完結する助けになります。私たちが示した方法は、おびただしい量の情緒的な結びつきを明らかにすることに役に立つはずです。関係の見直しと手紙は、子どもたちが将来にわたって思いだすことに応じて、また他のことを発見するのにも役立ちます。

それぞれの新しい発見は、私たちが示してきたのと同じ方法で完結するにちがいありません。それは、謝罪、許し、情緒的に重要な言葉、そして楽しい思い出です。

しかしながら、新しい発見があった時にいつも、これをやる必要はありません。単に追伸の手紙を書くことでよいのです。たとえば、ジェフリーが野球を見ていた時、父親が野球のヒーローたちの名前を調べて、話したのを思いだしました。ミッキー・マントルとか、ウイリー・メイズ、スタン・ミュージアルなどの名前が、ジェフリーの頭に甦《よみがえ》りました。父親が有名な野球選手の話をしていた時のことを考えると、ジェフリーは楽しかった時間があったのを思い出すのでした。後にジェフリーは、机の前に座り、次のような手紙を書きました。

### 大好きなお父さんへ

ぼくは今日野球を見に行きました。いつもお父さんは、子どもだったころに見た、偉大な選手の話をしましたね。ぼくはお父さんのそのころの話を聞くのがどんなに好きだったかを、お父さんに伝えなかったかもしれません。でも、ぼくは本当に楽しかったんだ。
お父さんがいないのに野球を見るなんて、悲しいです。お父さんに会いたいです。
大好きなお父さんへ。
さようなら、お父さん。

ジェフリーにとって、手紙を母親や彼が信頼する人の前で読むのはとてもよいことでした。手紙を書き、それを声を出して読むことは、未完の感情を完結させ、彼の父親がもはや存在しないという事実を悲しむジェフリーが、父親のいない今を生きるのにとても役に立ちます。この行動をすることで、ジェフリーはどのような感情であれ、感情を伴った父親を記憶しておく自由が維持されるのです。父親について、話すのも考えるのも恐れる必要はありません。ジェフリーが成長し成熟するにつれ、彼はいつでも彼の思いと感情を表現することが可能になるでしょう。

## ジェフリーの姉はどうか？

ジェフリーの一四歳の姉は、家族を世話することを決意し、だれに対しても強くあることに夢中でした。私たちが母親に伝えたのは、強くなければならないという考え方はまちがっていることを、彼女自身のために理解し、それに向き合わなければならない。その後で一四歳の娘が父親との関係性を見直す援助をするように、ということでした。そして、姉は父親あての特別な手紙を書きました。
小さな妹は五歳でしたが、母親をまねていつも忙しくくし、働きすぎの掃除婦のようになっていました。

私たちは、母親に、何を感じているのかを彼女が語りだすきっかけになる、ちょっとした会話を教えました。それは簡単な言葉です。たとえば、「お父さんにとても会いたいわ」といったような。

またたくまにその小さな女の子は、父親に関して考えていることや感じていることを言うようになりました。手紙を書く代わりに、母親は、五歳の子に父親の写真に向かって言うようにしむけました。そしてその結果、彼女はどうしたらいいを理解し、毎回「お父さん大好き、さようなら」と言う終わり方で、語りかけるようになったのです。

## パート4のまとめ

関係性の振り返りは自然に起こります。しかし、その人〈動物〉との関係でもっとも情緒的に深い部分に気がつくことが、完結に向かう助けになります。チェックリストを利用して、子どもの情緒的な愛着がどこにあるのか発見してください。

完結の鍵になるのは、思い、感情、そして考え方が言語化されることと、それをだれかに聞いてもらうことです。

この事実の重要性を示すために、数年前にワークショップに参加した一人の女性の話をしましょう。

彼女の夫は、四二歳で亡くなりました。二人は、とてもすばらしい結婚生活を送っていました。もちろんある程度の行き違いやけんかはありましたが、それは愛情深い関係の一部分でしかありませんでした。

ワークショップに参加する前に、彼女は、私たちの出した課題をすべてやり遂げていました。その中には、謝罪や許しが含まれた手紙を書くことも入っていました。そして、彼女はそれを夫の墓の前で読み、泣きました。

数日後、彼女は気分が少し良くなりました。けれどその後、気分が落ちこみはじめたのでした。彼女には、なぜ手紙を書いて読んでも、感情が解放され、先に進めないのかがわかりませんでした。

しばらくしてから、彼女は「悲しみからの回復のためのワークショップ」に顔を見せました。回復につながる一つひとつの行動をするように言うたび、彼女は「それはもうすでにしました」と言うのでした。

私たちは、彼女にもう一度してみてくださいと言いました。私たちは、彼女が何をすでにしていて、何をしていないか、わかりませんでした。私たちが知っていることは、彼女が何かしていないことがあるということでした。

最後の日、ワークショップが終わる時、私たちはまとめの言葉を言いました。

情緒的な未完の（伝えられていない）感情は、言語化されなければならない。そして、別の生きている人によって聞かれなければ、完結されない。

部屋の中で、だれかが息をのみました。彼女でした。彼女は、何が起きていたのか、いえ何が起きていなかったかを理解しました。彼女はお墓の前で手紙を読みましたが、別の、生きているだれかに聞いてもらってはいなかったのでした。

それから彼女は、ワークショップのグループの中で、その手紙を読んで聞いてもらいました。そして泣きました。その後、気分が少し楽になりました。今もって気分はよいままでいます。それから八年以上たっているのですが、彼女は時々悲しくなって、彼に会いたいと思うことがあります。しかし、心の痛みは消えたのです。

子どもたちは、未完のコミュニケーションに伴う感情を見つける援助を受け、話すことを認められ、助けられる必要があります。関係性を見なおす行動は、回復へと転換し、特別の手紙を書くことは、とくに大きな助けになります。しかし、もっとも重要な行動は、情緒的に重要な言葉を声を出して言う機会を持つことで、そしてまた安全な環境で、安心できる相手に聞いてもらうことです。

悲しみを癒す（完結する）特別の手紙は、伝えられなかった気持ちを伝え、未完のコミュニケーションを完結する、理想的な手段です。そしてそれは、書くことで思いと感情を伝えることのできる子どもたちにとって、とくに効果があります。しかし、手紙を書けなかった四歳の子の話を覚えていると思いますが、何がもっとも大切かと言うと、彼が声を出して言った情緒的な言葉です。そしてそれをだれかが聞いてくれたことなのです。

みなさんは、子どもたちの書いたり話したりする思いや感情を聞くとき、自分があたかも心と耳だけになったイメージでいなければなりません。心で聞きましょう。

# パート5　その他の喪失

この本の初めの部分で、私たちは深い悲しみ（グリーフ）と呼ばれる、葛藤した感情をもたらす四〇以上もの要因がある、と言いました。私たちは、次に子どもたちだけに適用する喪失のリストを作りました。見ていただければわかるように、たくさんの要素が含まれています。また、みなさんは多くの喪失に「変化」が含まれていることにお気づきになるはずです。悲しみの定義を思い出してください。「悲しみとは、なじんだ行動のパターンが変化するか、終わってしまうことによって生ずる葛藤した感情である」。

□近しい家族の死
□両親の離婚
□引っ越し
□親しい友人の死
□ペットの死

□恋愛関係の終焉《しゅうえん》（ティーン）
□けがや病気
□家族の健康障害
□家族の増加（親の再婚などに伴って）
□学校の始めと終わり（入学、卒業）
□転校
□社会的活動の変化
□食習慣の変化
□休暇
□クリスマス、誕生日、その他の休日（とくに死や離婚後の最初の）

パート4では死に関連して、痛みを伴う出来事を完結に導く行動に焦点を当てました。

パート5では、「死」ではない喪失を見ていこうとしています。26章では、引っ越しをする際に子どもを導く正しい方法を示します。27章では、まちがった方法を示します。そのことによって、みなさんがよく理解できると思うからです。

その後は、離婚の問題に多くを割きます。私たちは、みなさんがこの情報を必要としないことを願ってはいますが、しかし、もし必要なら、かなり役に立つはずです。もし、みなさんが離婚の問題に巻きこまれていないなら、ともかく読むだけは読んでください。みなさんの友人やその人の子どもたちが離婚問題の真っただ中にいるとしたら、これはとても使いやすいはずです。

# 第26章　最初の引っ越し体験がモデルになる

一九八七年に、ジョンと妻のジェスと六歳の男の子コールは、ロサンゼルスのある地域のアパートから新しい近隣の家に引っ越しの準備をしていました。このころジョンは、何年にもわたって悲嘆にくれる人たちの援助をしていました。そして、悲しみは慣れ親しんだ行動のパターンが変わることによって引き起こされる葛藤した感情である、という定義を知っていました。

ですからジョンは、別の家へと移り替わることが喪失体験であり、それが子どもに大きな影響を与えることを認識していました。彼は、引っ越した家が新しい家であろうがアパートであろうが、前に住んでいた家よりも大きくすてきであろうが問題ではない、と理解していました。また、一つの市から別の市へ、あるいは別の州、町の中で別の場所に移るのも問題はないと理解していました。

子どもたちはしばしば、変化に苦悶《くもん》します。変化は怖いのです。引っ越しは、子どもにとってなじみのあるものすべてが変化することを意味します。他にだれが影響を受けると思いますか？　親、とみなさんが答えたとしたら、それは正解です。

引っ越しはたいていの場合、もっと大きな家に移るものです。こうした考え方は肯定的なものです。しかしながら、家のサイズや状態にかかわらず、子どもたちは古い場所に慣れているのです。子どもたちは家になじんでいて、隅から隅までよく知っています。新しい家についてわくわくする感情は、古い家から離れなければならない悲しさといっしょになってやってきます。子どもたちがあまり古い家を好きではなかったとしても、やはりなじんでいたのです。この否定的な感情と肯定的な感情の交錯は、「葛藤した感情」として私たちが定義したものです。

時に運命は逆になることがあります。引っ越しが大きな家から小さな家になることがあります。こうした引っ越しはなじんだものへの変化だけでなく、経済的な困難が伴い否定的な感情が加わります。小さな子どもたちはあまりそうした認識はなく、経済的な問題にも関係しないかもしれません。しかし、子どもたちは親の態度によって影響を受けるのです。子どもたちは、しばしば親の深夜のお金に関する口論を聞いています。あるいは、親の非言語コミュニケーションに気づいています。そして、何かがよくないのだ、と理解しています。

すべての大きな変化は、大人であれ子どもであれ情緒的なエネルギーを作りだす（さまざまな感情が噴きだす）、と覚えておくことは賢明です。

息子のコールは、庭とプールがある家に引っ越すことで興奮していました。また、今までより大きな自分の部屋が持てるので、わくわくしていました。同時に、コールは、小さいころからの友人や、隣近所の人たちと離れてしまうので、とても悲しかったのでした。ジョンは、引っ越しが、コールが体験している混乱した感情の扱い方を教えるのにまたとない機会だと知っていました。

ジョンは、時折、家族を元のアパートに連れていきました。彼らはそれぞれの部屋に入り、そこでの悲しかった経験、楽しかった経験を話し合いました。それぞれの部屋が、自分たちを安全に過ごさせ、暑さや寒さから守ってくれたことに感謝しました。コールは、彼が最初の歯が抜けたときのことや、最初に自分の名前が書けるようになったときのことを思い出しました。それは情緒的な重要な経験でした。そして、彼らはそれぞれの部屋に「ありがとう」「さようなら」と言いました。

このツアーは、コールだけのためではありませんでした。ジョンとジェスも、いいことや悪いことを思いだして、その両方について語りました。そのプロセスは三人全員にとって、とても助けになることでした。

引っ越しの日、コールは目には涙を浮かべ、なじんでいた家に「さよなら」と別れを告げました。コールは、新しい家に大変よく適応しました。古い家との関係を完結することで、彼は新しい家と新しい関係を気持ちよく結ぶことができました。ジョンとジェスは、息子が小さかったころ過ごしたアパートでの楽しい思い出を大切にしています。そしてもっと多くのすばらしい思い出が新しい家で作られました。

やがて、コールは大学に行くために家を離れ、彼の部屋は、休日や休暇の時だけ使われるようになるでしょう。彼は、大学の寮への引っ越しの準備として、一三年前にやった行動と同じことをするでしょう。その間、ジョンとジェスは、コールといっしょに過ごした一三年間の出来事を思い出すことでしょう。

彼は大学の寮に住むことになり、そこでまた新しい生活のパターンになじむことになるのです。そしてもうみなさんはお気づきと思いますが、コールはまた四年後に同じことをする必要があるのです。

## 移行期の出来事

私たちは、過去の人や物事との関係性が適切に完結しなかった場合に、子どもたちや大人に否定的な影響がでる例を、数えきれないほど見てきました。今紹介した、ジョンの家族の行ったエクササイズは、スムーズに新しい環境に移行するのに役立ちます。引っ越しは、そうした移行の一つです。

引っ越しと同じような移行が、子どもには年代別にいくつかあります。みなさんは、子どもが最初に学校に行った日のことを覚えていますか？　まちがいなく覚えているはずです。学校への入学は、子どもにとって新しい生活への移行です。

みなさんは、演奏会とか、発表会とか、卒業式などのことも考えはじめているにちがいありません。こうした出来事は、子どもたちの生活の中で、その時点までやってきたことから次の段階へ移動することになりますが、子どもに移行時（喪失）の感情を見直し、感情の扱い方を身につけるよい機会になります。

たとえここで紹介したエクササイズが、みなさんに素朴なものと見えたとしても、その重要性を強調したいと思います。

# 第27章　うまくいかなかった例

コールの話は、引っ越しを扱う際のもっとも効果的な方法を示しました。しかしながら、うまくいかなかった話を知ることも、まちがったかかわりの結末を知るのも、なにかの役に立つはずです。

トミーという若い男性が、私たちのセミナーに参加したのは、二八歳の時でした。彼の物語は、引っ越しという喪失に正しく対処されなかった結果として、どのような問題が出てくるかが示されています。

トミーは、八歳まで中西部の都市で、すてきな近隣の人たちと生活をしていました。家からほんの数ブロック先に学校がありました。何人かの友だちが同じブロックに住んでいて、いっしょに遊んだり、毎日仲よく過ごしました。トミーの父親は、ある大きな会社に勤務していたのですが、太平洋側の北西部に転勤することが決まりました。昇進し、高いポストに就くためです。

父親と母親が、トミーに引っ越すつもりだと話したときのことです。彼は友だちから、学校から、住み慣れた家から、その地域でなじんだすべてのものから遠く離れてしまうことに、とても動揺したのを覚えています。彼は涙を流しながら、両親に友人と離れたくないと話しました。父親は「泣くな。新しい友だちを作ればいいじゃないか」と言いました。この「悲しんではいけない」という言葉を、みなさんはパート1で扱った神話としてご存じだと思います。感情に関するほとんどの誤ったコミュニケーションが、「泣いてはいけない」「悲しんではいけない」から始まります。

引っ越したら、そこで新しい友だちを作るのは合理的な考え方である一方、それまでの親しかった友人と別れることを悲しいと感ずるべきではない、という考え方は非合理なことです。さらに悪いのは、子どもたちは、友だちと別れなければならない心の痛みをどう扱ったらいいのかを教えられないことです。

未完の感情を抱えたままでは、新しい友だちを作ることが困難になります。現に、子ども時代に何回も引っ越しをしなければならなかった子どもたちは、子どもの集団に飛びこまず、周囲で見守ろうとする傾向があるのです。「なぜ、新しい友だちを作るのか?」が、必然的な疑問になってしまうのです。引っ越すことによって生ずる感情は、長期にわたる問題を作りだす可能性もあるのです。

トミーは、混乱していました。彼は、父親は自分の言うことを聞いていないし、理解していないと思っていました。トミーはまた、なぜ父親が、友人と離れることを悲しんではいけないというのか理解できませんでした。そこで、彼はもう一度父親に言いました。その時は、「学校から離れたくないのだ」と言ったのです。父親は、「悲しむことはない。お前はもっといい学校に行くんだから」と言いました。

トミーは、この考え方もわかりませんでした。彼は今の学校が好きでした。そして、先生のことも好きでした。彼には、そうしたものをすべておいて引っ越すことなど、到底考えられなかったのです。そしてさらに、彼には両親が、なぜ悲しんではいけないと言うのかがわかりませんでした。なぜなら両親は、今まで真実を話すようにと、彼に言ってきたのでした。それなのに今、感じている本当のことを話すと、両親ともそんなふうに感ずるべきではない、と言うのです。

トミーは、もう一度言いました。「今までの家から移りたくないんだ」。そしてとくに野球のポスターがたくさん貼られ、多くの時間を過ごした彼の部屋から離れたくない、と言ったのです。父親は再び「悲しむことはない。もっと大きな家に行くんだから、そしてお前にも大きな部屋があるんだよ」と。

野球でいうなら、トミーは、今や0対3。彼は3回、両親に話を聞いてほしくて話をしましたが、その都度「悲しむな」と言われ、「新しい友だち」、「もっといい学校」、「もっと大きな家」と言われたのです。ついにトミーは話すのをやめました。彼が友だちや学校、そして彼の部屋についての情緒的な思い入れを声にしても、彼の両親は「そんなふうには感ずるな」と言い、なぜ悲しむべきではないかについて、知的な理由を言うからです。

引っ越してから、トミーは内にこもるようになりました。新しい友だちはできませんでした。学校の成績も芳《かんば》しくありませんでした。また、新しい部屋を何かで飾るようなこともなく、当然その時間もエネルギーも使いませんでした。

彼の話は、私たちがワークショップでしばしば聞く、典型的な痛みに満ちた話です。幸いなことにトミーは、二〇代で私たちのセミナーに来て、彼の生活の方向を転換することができました。

この話の悲劇は、トミーの父親が、息子の助けになる触れ合いの機会を逃してしまったことです。トミーの父親は前の家のある中西部の町で生まれ育ったので、友人たちもそこにいたのです。父親もまた、自分の知っている町や人たちと離れたくなかったのです。そのことを、彼は息子には話しませんでした。

彼が息子に嘘をついた、という言い方は公正ではないかもしれませんが、しかし、彼は真実を語らなかったのです。トミーの父親が「悲しむべきではない」、あるいは「泣いてはいけない」というたびに、真実からトミーを遠ざけてしまい、父親のアドバイスを信ずることができる状態からも遠ざけてしまったのでした。

トミーの父親は、悪い父親ではありませんでした。彼はただ息子に、自分が子どもだったときに植えつけられたのと同じ、まちがった情報を伝えただけだったのです。

今では、みなさんはおそらく、トミーの父親が息子を援助するのにもっといい方法を思いつくはずです。トミーが最初、友だちと離れたくないと言ったことに対して、父親は「ぼくもそうだ。これまでの生活で知り合った友人や、彼らの家族と離れるのは、とても残念だ。新しい仕事にわくわくしているし、お金を多く稼ぐこともできるけど、やっぱり悲しいし、自分が知っているものすべてと別れるのはいやなものだよ」と言っていたらよかったのです。

私たちは、悲しみの定義を「なじんだ行動のパターンの変化や終焉《しゅうえん》により引き起こされる葛藤した感情である」としました。この父親の言葉は、葛藤した感情をはっきりと示しています。それまでの生活全体から離れる悲しみと不安の感情と、よりよい地位と新しい冒険という興奮とがもつれあっています。

そして父親は、トミーを友人のところに連れていき、彼が引っ越さなければならないことと、友人たちと離れることがとても悲しいと感じていることを、彼らと話すことが必要でした。そうすれば、みんなはお別れを言い、連絡先を教えあい、引っ越し先でも友人たちと連絡を取り合えたでしょう。そのことは、父親自身も友人とつながる方法だったのです。そうすれば、トミーの新しい生活になじむまでの時間は、異なったものになったでしょう。

私たちは、引っ越しが非常に粗末に扱われたために、生涯にわたって否定的な結果を招いた例をたくさん見てきました。そして、上手に扱うことはジョンの家族で紹介したとおり、とても簡単なことなのです。以下に、引っ越しに関してのガイドラインを示します。

○計画を立てる／引っ越しのための準備を何もしないでドタバタと突進するのは、よいこととは言えません。とくに、子どもたちのわき上がる感情に対処する計画を考えておくことは大切です。

○自分自身の本当の感情を語ること／親がしっかりと方向性をリードすることが重要です。次のような言葉は役に立ちます。たとえば、「新しい家に移れるのですごく楽しみだけど、ずっと住んでいた場所から離れるのは少し悲しいね」というように。もし、それが本当でなければ、本当のことを話しましょう。「新しい家に住めるのがすごく楽しみよ。古い家はきらいだったの。住み慣れていたけど、あまりなじめなかったから」と。おわかりのようにこれは真実の言葉です。しかし、同時に情緒的なものでもあります。子どもたちに情緒的な真実を話すことは、安心感を与えるのです。

○「私は」を主語にした話を加える／もしみなさんが自分の子ども時代に似た経験があったら、そのことを話しましょう。大きな変化に伴って自然に起きる感情に対して、安全性をつくり出す話をしましょう。

○すべての感情は正常なものである／愛と憎しみ、幸福感と悲しみは、すべて正常な感情です。決して感情に順位をつけないようにしてください。そして子どもが何を言おうが、悲しみ、心の痛み、あるいは否定的な感情が悪いものだという方向づけをしないでください。

○友人の住所と電話番号を聞いておく／空約束をしないように、十分注意してください。もし子どもたちに、友だちの住所や電話番号を聞くのを手伝うつもりだ、と話したなら実行しましょう。また、引っ越したら手紙を書いたり電話をしたらどうかと、子どもに声をかけることも重要です。

○元の家を訪ねる約束／これはとてもやっかいなことです。多くの親が、昔住んでいた場所を訪ねる、と約束しながら実行しなかったために、何十年たってもいまだに喪失をひきずって、私たちのワークショップに参加する人たちがいかに多いか。感情的になっている子どもたちに対処しようとして、しばしば親は空約束をします。子どもたちは、そうした言葉を文字通り受け止めるのです。現実的な約束をしてください。

# 第28章　レスリーの告白

## レスリーの両親の離婚

「私の人生で、もっとも痛みの伴う重要な出来事は両親の離婚でした。まるで私の家族が死んでしまったように感じ、人生のすべてが永遠に変わってしまったかのようでした。私にとっては、離婚は全くの突然で、考えもつかないことでした。私の父は、ある夜、家を出て、二度と戻ることはありませんでした。父は、だれかと恋に落ちたのですが、そのことは『両親の結婚は幸せなのだ』という私の思いと感情のすべてを閉ざしたのです。私は、両親は死が二人を引き離すまで、永遠にいっしょにいると思っていたのです。私は、文字通りショック状態に陥りました。数日あるいは数週間、何をしていたのか思い出すことができません。ちょうど高校を卒業するころで、ただただぼうっとしていました。私に考えられたことは、父がいつ母のもとに戻ってくるのか、そしてこの悪夢はいつ終わるのかということでした。高校の卒業ダンスパーティにはあまり参加したくなかったのですが、記念すべき夜だから行きました。それなのに家族のだれかが『気をつけていってらっしゃい』と、私に声をかけてくれたかさえ覚えていません。

私は、父が母を訪ねて車を運転してきたことを覚えています。兄弟と私は、父に会うのを待っていました。そして時々、父はさようならも言わずに家を立ち去るのでした。私たちはだれもその場にいられませんでした。なぜなら、そうした特殊な関係のために傷ついていたからです。

私はたちまち世話焼きになりました。とくに弟たちに対してです。そのころ、母親は子どもの面倒をみられるような状態ではありませんでした。心の痛みがとても強く、起きあがることも、いっしょに食事をすることも大変な様子でした。なじんでいた生活はすべて失われました。それまで夕食はいつも家族いっしょでした。そして私は、毎晩父がドアを開けて帰ってくるのを待っていたのです。犬のプーフさえ、エサを食べなくなってしまいました。獣医に見せると、抑うつ状態で衰弱していると言われました。

私は家族をなんとかしたいと思っていました。私は、心の痛みをなくしたいと願っていました。私は、離婚をどう感じ、どんなに怒っているかを父親に言うのが怖かったのです。なぜなら、自分の父親なのに、父親を失うのが怖かったからです。家族と私がどれほど痛みを感じていても、父親を喜ばせたいと願ったり、その状況を受け入れようとしていたのです。

私は気分をよくするために食べ物に向かいました。私はそれまで、食べることでの問題を抱えたことは一度もありませんでした。健康で、スポーツが好きで、とてもスマートでした。大学での最初の一年が過ぎ、私は過食症になりました。食べ物を、気分を良くすることと自分を罰することの両方の目的で使い、体重がすごく増えてしまいました。私は、自由な時間をすべて食べることに使い、デートをする時間も、友人といっしょにいる時間もなくなりました。週末には家に帰り、過食と嘔吐《おうと》を繰り返しました。時には日に一二回も嘔吐をしました。およそ二年間、私はこの障害で苦しみました。しかし、私が失ったと感じたすべてのことと、心の痛みは、少しも癒されることはありませんでした。

私は、その後反対方向に転じ、強迫的に体重を減らすことにのめり込みました。朝六時から始まるエクササイズのクラスに入り、多忙に過ごし、心の痛みを考える時間をなくしました。私と両親それぞれとの関係は永遠に変わり、私の心は壊れたままでした。

数年後、セラピーの力を借りて、私は心行くまで、自分の人生を過ごしたいと思うようになりました。自分に変えられないことがあることを理解しました。そして私が記憶しているような家族をもう一度取り戻したいという、夢や希望はあきらめることにしました。

私と未来の夫との関係は、デートをしている間はうまくいっていました。けれど、ブライアンがプロポーズしたとき、私は別れようと思いました。ただ、恐れからそうしようと思ったのです。私は、自分が離婚の統計に乗りたくなかったのです。幸いなことにブライアンは私を理解し、私といっしょに結婚という課題を歩んでくれることになりました。私たちは一〇年以上結婚生活を続け、第三子が生まれました。

私が『喪失による悲しみを癒すワークショップ』に参加したのは、父が亡くなってすぐのことでした。ワークショップに参加したのは父の死のためですが、ラッセルとジョンは、両親の離婚がいまだに私にとって未完のままであることに気づかせてくれました」。


このレスリーの話を、この本の初めの部分に戻って考えてみると、多くの要素が、私たちが論じていることと合致しているのがおわかりいただけると思います。もう一度、私たちがみなさんに知ってほしいことは、私たちは喪失とそれに伴う正常で自然な感情という現実性を話しているのであって、なぜそうなるか、とか、どうすべきかとかいった理論ではないということです。

# 第29章　あなたが当事者の場合

悪い知らせがあります。悪い知らせがあります。これはミスプリではありません。

この本全体を通して、私たちはみなさんに、子どもたちが関係性における情緒的な独自性や特殊性を発見するのを援助するように奨励しています。また、みなさん自身の関係性と子どもたち自身の関係性を混同しないように注意してください、と警告してきました。けれど残念なことに、もしみなさん自身が離婚してしまったか、離婚が進行中である場合には、それらをすることは困難だということをお伝えしなくてはなりません。

みなさんは、自分は離婚についての思いと感情をちゃんと整理できているからあてはまらない、と思っているかもしれません。しかし私たちは、じつは自分自身の感情に対処するのがとても得意なのに、なかなかそれを試そうとはしないのです。事実、私たちのワークショップに参加する人たちは、自分の離婚についての問題で参加する人はとても少ないのです。

## 長期の、あるいは突然の衝撃

私たちの、資格を授与するトレーニング・セミナーでは、死に関連した二つの本質的に異なったカテゴリーを教えます。一つは長期の病で、もう一つは突然の死です。長期の病と突然の死は、死が引き起こされた後の葛藤に、異なった情緒が生みだされます。

私たちが離婚を同じように分けるというと、みなさんは驚かれるはずです。それは、長期と突然の二つです。しばしば一人が長期にわたって苦闘する一方で、パートナーは、物事がうまくいっていないことに気がついていないのです。後者が離婚用紙を送りつけられると、突然の死のような衝撃を受けるのです。

子どもによっては、家庭の中の問題に気がついている場合があります。子どもたちは、両親が長い年月対立しているのを聞いたり、いやな目に遭ってきています。そうした子どもたちにとっては、離婚は、長い間の状況の解決になるでしょう。一方で、親によっては子どもに隠しているので、親の大きな問題に気がつかない子どもたちは、離婚が差し迫ってから知らされることになります。その場合、子どもたちの反応は、あたかも突然の死の場合と似ています。衝撃は子どもを圧倒し、子どもたちは、さまざまな種類の短期的な痛みのエネルギーを軽減するために、なんらかの行動を始める可能性が高いのです。

離婚が子どもに及ぼす影響についてお話しする前に、いくつかの重要なことを論じたいと思います。

## だれの離婚か?

この本の初めにあった質問「何が問題か、だれの問題か」を、みなさんは覚えていることと思います。ここでもう一度話します。その質問は、離婚するのは親（大人）であり、しかし離婚は家族全体の問題であり、子どもたちは苦境に立たされるということです。子どもたちへの付帯的損害は、途方もないものです。

## 多面的な喪失

両親の離婚に遭遇する子どもたちは、さまざまなものを喪失する経験をします。それはどのような喪失でしょうか？　喪失によって引き起こされる悲しみの定義をもう一度しましょう。「悲しみとは、なじんだ行動のパターンの終焉や変化によって引き起こされる葛藤した感情である」。この意味を本当に理解してほしいと願っています。

☆子どもにとっての喪失とは…
□家族がいっしょにいるという期待の喪失
□信頼の喪失
□なじんだことと日常生活の喪失
□安全性の喪失
□子ども時代の喪失
□住居の喪失、あるいは二重生活への変化

これらの喪失のうち一つだけ起こっても、子どもを動揺させるには十分すぎます。こうしたもののいくつかがいっしょになり、子どもは圧倒されるのです。もう少しくわしく見てみましょう。

○家族がいっしょにいるという期待の喪失／子どもたちは、親から愛、名誉、信頼、そして誠実さを教えられます。子どもたちは、いかに愛するか、思いやりを持つか、どうやって葛藤を解決するか、また、どうやって人と仲良くやっていくかを親から学びます。子どもたちは、文学や、映画、そして宗教的な組織からも、結婚式でかわされる誓いの言葉がそうした価値を約束するものであると学びます。親が互いに約束を守れない時、子どもたちがいかに混乱し、困らせられるか考えてみてください。

○信頼の喪失／子どもたちの、目の前で離婚のシナリオが打ち明けられたり、炸裂したりするのを経験しなければならない葛藤に満ちた感情を想像してみてください。そうした感情に対処する方法を子どもたちは持っているでしょうか。子どもたちに、愛と同時に離婚を教えるのは大変むずかしいことです。家族はいつもいっしょにいるという暗黙の約束への信頼を、離婚は大きく壊すことになります。

○なじんだことと日常生活の喪失／これはすべてとても困難な問題で、子どもから大人へと移行する重要な時期にあるときには、とくに大きな影響を与えます。こうした移行期のストレスと緊張感は、重大な影響をもたらす可能性があることを、私たちは知りすぎるくらい知っています。

○安全性の喪失／慣れ親しんだことや日常生活は、安全性と、自分がよりよい存在であるという感覚を作り出します。家族の中で作り出されたパターンは、離婚によって解体されます。子どもたちはその結果、思わぬ失敗や「へま」をします。子どもの場合、安全性となじんでいることとはいっしょになっています。それらが失われた場合、それ以上の変化をつけ加えないことが大切です。

○子ども時代の喪失／子どもの生存本能は、さまざまな形をとります。生存するための行動の多くは有益ですが、時には裏目に出ることもあります。子どもたちが親の面倒を見るようになるのは、裏目に出たことの一つでしょう。子どもたちが親を守ろうと本能的に行動するのは、よく理解できることです。子どもたちは、自分の生存を守ろうとするためにも行うのです。しかしこのことは、子どもたち自身の自然な在り方ではなく、ケアテイカー（人の面倒を見る人）にさせてしまいます。また、離婚は、子どもたちをアマチュアの心理療法家に転じさせることもあります。子どもたちは、心理分析をし、問題をなんとか解決しようとします。これらのことは、子どもたちを年齢以上に振るまわせ、不適切な態度と行動をとらせます。

○住居の喪失、あるいは二重生活への変化／パート5の最初で引っ越しについて述べました。そこで述べたことすべてが、引っ越しが離婚の結果である場合には拡大されます。なじみだったことと、日常生活のすべてが変化し、子どもに計りしれない情緒的な重さを背負わせます。

## 時には幸いなことに

この本の最終章を書くときになって、私たちは、子どもたちの悲しみの回復から得ることを示すために、第一人称で語る物語を紹介するのがいい考えだと気がつきました。私たちは何人かの友人に電話をして、彼ら自身の回復の経験が子どもたちに役に立ったかを示すものを書いてくれるように頼みました。

私たちが受けとった物語の一つがここにあります。離婚による問題への対処の中での諸問題が明らかなものです。この物語を読んでいただければ、なぜ「時には幸いなことに」という見だしをつけたかがわかってもらえるでしょう。この物語は、私たちが指摘している詳細な現実を完全に映しだしているのです。

## 私たちの友人のジェフ・ゾーンから

私の三人の子どもたちの悲しみからの回復は、とても大きな有益な出来事だったと思います。一番上の子である七歳のソフィアは、悲しみへの援助と回復でもっとも大きなものを得たと思います。彼女は私たち両親の離婚によって、二つに分かれてしまった家庭に対処しなければなりませんでした。毎週末、ソフィアは私のところにきて、学校のある日は母親と過ごすことになりました。住まいが二つに分かれることで、子どもたちは多くの喪失体験をします。信頼感の喪失、なじんだものの喪失、住まいの喪失、おそらく他の人たちとの間の安全性さえも喪失します。ソフィアが一方の親から離れているとき、あるいは滞在が終わるとき、しばしば母親に会いたいと言い、または私に会いたいと言って悲しみました。そのころ、悲しいと私に言ったり、あるいは私たちにずっといっしょにいてほしいと言ったりしたので、ソフィアは感情を率直に表しているのがわかりました。

毎週日曜日の夜六時近くになるにつれ、私との安らかで楽しい週末の終わりのサインがありました。ソフィアはうつむいて、母親の家に向かう車の後ろの席に座って静かにしていました。そのころ、私は悲しみからの回復に感謝し、ソフィアが悲しみや痛み、あるいは否定的な感情を表現できるように安全な環境を作るように努めることができました。ソフィアは多くの時間、そうした感情を口に出していました。

そしてそれは、私自身の人生のいくつもの喪失が、何年にも及ぶ努力によって情緒的に完結するときでした。私はソフィアが悲しむときにいっしょにいて、何もしませんでした。私は彼女をなんとかしなければならない、助言しなければならない、あるいは、変えなければ、とは考えませんでした。なぜなら、彼女が、私自身の潜在的な、未解決の問題の引き金を引いてしまうかもしれないからでした。

私は、一週間離れていると私に会いたくなり始めるソフィアが、特別な感情を持って私を信頼していることを知っています。悲しみからの回復には、それがもっとも助けになります。なぜなら、何が起ころうとも、また彼女の感情を変えられなくても、私は感情レベルでソフィアと結びつくことが可能だったからです。

もしみなさんが、ジェフとソフィアの物語を注意深く読んだなら、成功への鍵は、ジェフが自分の喪失のために行ったワークであることに気がつくでしょう。ジェフは、私たちのワークショップに通っていました。みなさん自身が取り組むことが、子どもたちに非常に有益になるのです。

## 感情をなんとかしようとしないこと

みなさんは記憶しているでしょうか。ジョンの息子が亡くなった後、彼が経験している感情的な痛みに対処する本を探し回ったことを。彼が知る必要のあったことは、彼が何をするべきなのか、だったのです。このことをもって、私たちはみなさんの離婚に対する反応として、子どもたちがどのように感じているかを話そうとしているわけではありません。もし、親の離婚、あるいは、離婚のプロセスにいる子どもたちが二〇〇〇万人いるとしたら、二〇〇〇万の傷ついた心を持った子どもがいて、二〇〇〇万の異なった感情があり、それら一つひとつの感情はすべて正当なものです。

悲しみ、痛み、あるいは否定的な感情に関するもっとも大きな問題は、それらをなんとか治そうとすることです。とくに親がそうなりがちです。そして、私たちが理解しなければいけないことは、悪い気分を感ずることが問題ではないということです。悪い感情も、よい感情も、感情は感情であるだけです。感情を治そうとすることはやめなければいけません。このことは、子どもが親の離婚に対する反応に対処するときに、とても大きく関連します。親が「感情を治そうモード」に入りこもうとする傾向があるのはこの時です。彼らは子どもたちの感情を治そうと試みます。しかしできません。もっとよくないのは、自分自身の感情を無視することです。親は「周囲に対して強くありなさい」、あるいは「子どもに対して強くありなさい」という古い考え方に逆戻りしがちです。

ジェフが、ソフィアの感情を治そうとせずに聞くことができたと書いているのを思い出してください。ジェフがソフィアの感情を治そうとしないで安全性を守り続けたことは、ドアを開けたままにしておくことであり、ソフィアは彼女の父親と自分自身の感情を信じ続けることができるということです。

離婚は現実のことである場合、親であるみなさんも、自分の離婚に関連した感情を完結するための行動が必要です。そうすることで、子どもたちの話を聞くことも助けることもできるのです。

## 離婚が救いになることがあっても感情は未完のまま

時間が経過し、結婚が破局の時点を迎えた結果が離婚ですが、それまでにさまざまなことが起こります。時には、おびただしく激しい抑えつけられた怒りが地下で煮えたぎっています。時にはすべてオープンにされていることもあります。また時には、子どもたちが、年齢に関係なく、問題が家にあるとまったく思っていないこともあります。時には、子どもたちは何かが変だと感じています。しかし、何が問題なのかを正確にはわかっていません。

夫婦自身にとっては、長い期間に及ぶ情緒的苦悩に続く結果としての離婚は、救いになるかもしれません。対立と口論からの救いであり、しばしば失望からの救済であり、何かが変わるという救いです。

親が問題を抱えていることをしっかり理解している子どもたちにとっては、同じように救いになる場合があります。子どもたちが、親がついに離婚したという救済感覚を話すときは、単に敵意の終わりを意味しています。子どもの、幸せな家族生活に対する希望や期待が情緒的に完結したことを意味してはいません。それは単に長い間の不愉快な感情の終わりであるだけです。

## 結婚を持続するのがよいという考え

両親が結婚していることが子どもにとってもっともよいことだ、という考え方によって、離婚せずにとどまっている夫婦が多い時期もありました。この考え方はある意味高尚なのかもしれませんが、おそらく世界でもっともよい考え方、とは言えないでしょう。

アメリカでは過去三〇年間、離婚率は五〇％近くに上がってきており、うまくいかない結婚生活で、日常的にいさかいや口論を繰り返す生活の中に子どもたちをおいておくよりは、離婚するほうがましである、という考え方の人が多くなってきたことに、私たちも注目してきました。もう一度言いますが、高尚な思考ではあるかもしれませんが、結婚に固執するのは、おそらく最善の考え方ではないと思います。私たちは、過去二〇年この考え方によって育てられた子どもたちを援助する仕事をしてきました。

私たちは、離婚を正しく行う、というのはほとんど不可能なことだと思います。もし、離婚に正しい方法があるなら、子どもたちには何の影響もでないはずです。親は、子どもたちに愛とは何かを教える人たちの一人です。その親が結婚生活で愛を持続できなかったのです。それはいい悪いではなく、大人として、その現実が子どもたちの心に作りだす苦悩と混乱を想像してください。

私たちは、底抜けに楽天家ではありません。愛は完璧で、人は完全で、憎しみや離婚が存在しない理想的な世界がある、などと言っているのではありません。私たちは、モラルを審理したり、あるいは維持できない関係性の中にとどまろうと固執する人たちをどうこう言いたいわけでもありません。

人は様々な理由で結婚をしますし、すべての人がその時、相手を綿密に吟味《ぎんみ》できるわけではありません。衝動的、あるいは直感的に結婚することも多いのだと思います。そのときはよいと思ったことが、後になってまちがっていたと考える状況がくることは少なくありません。

こうした現実を知ることで問題が解決するとは思いませんが、現実を見つめることは大切です。

## 子どもたちへの影響は異なる

離婚は、子どもたちの生活に大きくて重い混乱を招きます。混乱のいくつかは直ちに起きますが、いくつかは地下にもぐって悪化します。後になって問題は地下からはいだしてきて、大人になってからさえ子どもたちに影響を及ぼします。統計的には、両親が離婚している子どもたちの離婚率は高いと言われています。私たちは、喪失への対処の仕方に関する効果的な考えを少しずつ広め、その傾向を逆にするために長い時間をかけるつもりで取り組んでいます。

離婚した家庭で育った子どもたちで、人生がとてもうまくいっている人たちがいます。そういう人たちの多くは、親の離婚の経験から間接的に得ているものがあります。そして、その経験をより良い決定をするためのガイドとして使っています。私たちは、離婚が悪いものであると強調すべきではありません。むしろ、それぞれの子どもの、離婚に対する反応にきちんと対応することが、子どもたちの将来を左右する鍵になる、という考え方がよいと思います。

すべての関係性は、それぞれ独特のものであると言ってきました。そのことが、喪失からの回復も個人個人で異なる理由です。同じように、親の離婚に対する子どもの反応は、その子にとって特別なものなのです。私たちは、同じ絵筆で子どもに色を塗るようなまちがいをしないために、決して絶対的なものの言い方をすべきではありませんし、することはできません。

私たちは親の離婚によって子どもたちがすっかり混乱してしまい、生涯にわたって否定的な結果を伴ってしまった家族を見てきました。また、同じ家庭で離婚時にも生涯を通しても、子どもがごく少ししか影響を受けないでいるのも見てきました。しかしながら、概して、子どもたちが離婚による衝撃を何も受けないというのは比較的まれです。子どもたちがどの程度の影響を受けるのかは、いかなる種類の感情であっても彼ら自身の感受性によるものと思います。

私たちが論じてきたように、たとえ家族の中であっても、子どもたちはそれぞれ異なる存在です。子どもによっては感受性が鋭く、子どもによっては鈍感かもしれません。

離婚に対する典型的な反応は、子どもたちが離婚の前にすでに身につけた、痛みのエネルギーを短期間で和らげる行動を数多くするようになることです。薬物やアルコールにのめりこむこともあります。食べることにのめりこむことも、あるいは、もう少し幼ければ、家庭と学校で問題となるような行動をしたり、勉強が手につかなくなったりします。これらはすべて親の離婚に対する直接的な反応と考えられます。

もう一つの決定的な要素は、家族の中に悲しみへの対処の方法や、痛みあるいは否定的な感情に対する対処方法に関する知識があるかどうかです。悲しみへの対処法の知識があれば痛みは小さくできますし、また未完の感情を完結するよう行動を示すことも、痛みを効果的に減らすことを可能にします。

## あなたが当事者である場合

親が子どもたちのためによりよき存在になろうと望む一方、親が子どもたちの人生と自分の人生をきれいに分けるのはとてもむずかしいことです。離婚に対する親自身の反応を切り離し、子どもに焦点を当てるのはほとんど不可能なことです。

この本では、引っ越し、ペットの死、親戚や友人の死など、さまざまな喪失体験への援助を子どもにする場合のガイドラインを示してきました。それらの関係性の中の、みなさんも情緒的に無関係でいられない出来事については、みなさん自身が入りこまないでいられる方法をいくつか示しました。それらは皆重要なものです。みなさんが真剣に受け止めてくださることを希望しています。

みなさん自身が離婚する時、離婚の話を子どもたちとしているときに、すべてを間接的に客観的に行うというのは、ほとんど不可能なことです。しかしみなさんは、夫婦の関係を維持できなくなったということを、子どもたちに希望と意味のある会話で伝えることができると信じてください。また、この本の初めで、みなさんの子どもたちが、親の世話を焼いたり、セラピストになってしまう危険性があると話したことも思い出してください。私たちは、親が配偶者に関する感情の反響板として子どもたちを使う時、より多くの模倣が知らず知らずのうちに行われているのを見ました。

とくに子どもの後見人にとっては、日々の保護の責任にしばしば圧倒されてしまい、とてもむずかしい状態になりがちです。みなさんがどう感じているかを話すことと、みなさんの面倒を見るように子どもたちを知らず知らずのうちに追いやっていることの間には明確な一線があります。

## ティーンエイジャーの重荷

親が離婚したときの子どもの反応として、よく見られる現象があります。子どもたちは、冷静な思考、自分の感じること、人を信じることを脇に置いてしまいます。これらは本来人間が自然に身につけていることです。このことは、離れて暮らしている親が贈り物を持ってきたり、外遊びに連れ出したりする一方、いっしょに暮らしている親が、教育や行動に対してより口うるさくなったり、管理したりするときに高まります。鳩がパンくずをくれる人の周りに集まるように、楽しいほうへとなびいてしまうのです。けれど子どもたちは、親が離婚したという状況の中で、自分だけがうまくいき、生き残ることに苦しんでいます。子どもたちはどうやってそれを乗り越えるかを学ぶのに、いろいろな方法を試みています。

親の離婚は、とくにティーンエイジャーにとっては深刻です。結婚が続いている両親の下でも、ティーンエイジャーの子どもは手に負えず、親とつかみ合いになることさえあります。親の離婚が、成長する際の苦闘に加えられたら、十代はさらに複雑な時期になるにちがいありません。

## 子どもたちは自分を責める

もう一つのむずかしい問題は、両親や親戚の人たちが、子どもたちに、離婚が子どもたちのせいではないということを説明しても、それでも子どもたちは自分を責める傾向があるという事実です。

子どもたちは、自分の存在が脅かされるのに気づき、自分がもっといい子であったり、よりよいことをしていたら親は離婚しなかったかもしれない、と考えることを心に留めてください。子どもが、離婚を招いたのは自分だと考えるのは、自己中心的に見えるかもしれませんが、こうした考え方は子どもが自分はどうしたらよいかを考えて陥りやすい、まちがった考え方なのです。

## 助けるのに何ができるか

この本では、四つのカテゴリーで関係性を見直し、そして未完の感情を発見し、どのように完結するかの援助法を示してきました。同じ考え方を使って、見直し、発見し、そしてみなさんと前の配偶者との間の未完の感情を完結することができます。

同じテクニックで、子どもが親の離婚との関係性を完結するのは単純でも明確でもありません。一見したところでは明らかではありませんが、その理由は、子どもはみなさんの結婚と単独の関係を持っているのではないからです。関係性は、少なくとも三つの大きな構造があります。あるいはもっとかもしれません。子どもとそれぞれの親との個別の関係があります。それから、家族と子どもとの関係があります。他のほとんどの関係よりも、それはもっと複雑です。

みなさんが子どもたちを助けようとするのを勧めない理由は、みなさんが完全に心を開いて子どもたちの言うことを聞くことができないからです。子どもたちが前の配偶者のことを話すとき、みなさんは往々にして「後にして」と言う傾向があります。

もしみなさんが子どもを援助できなかったら、だれができるのでしょう?

## レスリーからみなさんへ

離婚に関するこの章は、レスリーが両親の離婚について語る個人的な物語から始まりました。次にレスリーはカウンセラーとして、みなさんと子どもに助けになることを伝えます。

私は、ジョンとラッセルの所へ、父親が亡くなって数か月後にいきました。そのころ、私は親が離婚したか、別々に暮らす子どもとかかわる専門のセラピーをしていました。ジョンとラッセルは、私が博士課程での「子どもの悲しみ」に焦点を置いた研究と、博士論文を書くことを奨励してくれました。彼らは、私の論文を書き上げるのに重要な要素となる質問事項（巻末付録）の共著者です。

私はそれまで、喪失に対処するための援助方法をセラピストに教える場所を見つけることができませんでした。私は「死と、死にゆくこと」という選択科目をとりましたが、それは死にゆくプロセスについてであり、悲しみとそこからの回復についてのものではありませんでした。

私はジョンとラッセルのワークショップに参加し、両親の離婚が私の中で未完のままであったことに気がつきました。そして、セラピストとしての教育で、私に抜けている何かがあることに気づいたのです。さらに他のワークショップにも参加して、私に何が起きていたのか、それは事故でも偶然でもないことを知り、学ぶことができました。ジョンとラッセルの二人は、自分たちが何をしているのかわかっていて、またそれをどうやってやるのかを、人に教えることができました。

私は、多くの人々にセラピーの仕事が必要とされていると疑いません。また、悲しみからの回復における原理と行動にはしっかりとした理論と方法が必要です。ですから、すべてのセラピストが、他の本質的な手段と技術に加え、さらにジョンとラッセルの考案したワークショップやトレーニングコースを受け、喪失体験をした人たちの回復を援助する理論と方法を身につけてほしいと思っています。

多くの子どもたちの生活が喪失体験によって影響を受けています。みなさんが以前の配偶者との関係性を完結する行動から、子どもたちも利益を得ることでしょう。みなさんはそれを成しとげることで、子どもたちのよいガイドとなり、教師となるでしょう。子どもたちは、みなさんの離婚による感情を完結するために、決まりきった行動をする必要がなくなるかもしれません。ちょうどジェフの娘のように。

もしみなさんの子どもが、みなさんの離婚によってとても苦しんでいるようなら、地域にいる悲しみを癒す専門家の手を借りることを勧めます。セラピストかカウンセラーか、精神科医かはわかりませんが、大切なことは、そうした専門家が悲しみからの回復に必要な原理と行動とをきちんと知っていることです。

一つだけ注意を。親として、子どもが本当に専門家の手助けが必要な状態かどうかの判断をしなければいけません。もしそう感じたら、直ちに専門家のところに子どもを連れていってください。

気をつけてほしいことは、向精神薬でなんとかしようとしないことです。薬を使うのがなぜ危険かというと、子どもも大人もそうですが、喪失による正常で自然な反応を覆い隠してしまうからです。緊急な状況でなければ薬を使わずに、離婚に対する子どもたちの未完の感情を見つけ、完結するのを助けるのがよいのです。私たちには、結婚を元通りにすることはできませんし、古い夢をもう一度実現することもできません。しかし私たちは、みなさんとお子さんとが、心を取り戻し、新しい夢を築くための援助方法を伝えることができます。みなさんの人生の旅にご幸運を！

# パート6　子どもと死を考える

私たちは、この本の最後の部分にやってきました。終わりにあたり、喪失体験を扱うときに抜かすことのできない「死」と「葬儀」を子どもに対してどう扱ったらよいかを考えてみたいと思います。

パート6を読むことで、今までみなさんが学んできたことがさらに強化され、みなさんが子どもとともに喪失に向き合う助けとなるでしょう。私たちは、この本によってみなさんが行動することを勇気づけられ、子どもたちを援助するために必要なものを手に入れることができた、と確信してくださることを願っています。

この本でとりあげた実話は、「The Grief Recovery Institute」のワークショップか、世界中にある「Grief Recovery Outreach Program」に参加した人たちによって書かれたものです。スペースが少ししかないので、子どもたちに悲しみからの回復が利益をもたらすことを明らかにする、さまざまな種類の要因を代表しているような事例を選びました。巻末付録として、レスリーが博士論文のために調査した質問事項を掲載しました。質問に答えることを楽しんでください。または参考のためにお読みください。

# 第30章　「死」の真実を話す

多くの親たちが、子どもとの会話の中で「死」とか、「死ぬ」という言葉を使うことを恐れます。私たちは、親がそうした言葉を、まるで悪い言葉であるかのように使うのを見てきました。最近ある女性が友人に話すのを聞いたのですが、彼女は「ライオンキング」を子どもたちに見せたくないのだそうです。なぜなら、父親ライオンが死ぬからで、それが子どもにはトラウマが大きすぎるというのです。実際に彼女は、死という言葉を「d-i-e-s」と一字一字言うので、子どもたちは、彼女が何を言っているのかわからないのです。

先に進める前に、私たちは鈍感でいることを望んでいるのではないことを確認させてください。また、子どもたちが、死についての試験を受けるように教えられることを望んでいるわけでもありません。ここでは、「死」という事実が子どもにどのような意識と反応をさせるか、を述べます。その際、死についての基本的な概念をみなさんがどう伝えるかが理解できるようになると思います。

この本の初めから私たちが作り上げてきているものと同じです。それは、親あるいは保護者としての仕事は、子どもたちをめぐる出来事への反応として、子どもたちが抱える感情に備えることです。しっかりした基盤を与えれば与えるだけ、喪失が起きたときによりよいものを子どもたちが持つことができるのです。

## 保護することの幻想

子どもたちに否定的な影響を与えると思われる話題や言葉、あるいは考え方を大人が避けようとするのはめずらしいことではありません。微妙で傷つきやすいことを避けて通るのは、ある意味簡単な方法ですし、親にとってとても安心です。しかし、子どもたちにとっては、あだとなる場合があります。

子どもたちは、真実そのものよりも、真実が語られないということに影響を受けるのです。一つ大切なことは、非言語コミュニケーションから子どもたちは、「話されたことには何かが欠けている」、あるいは「正しくない」という感覚を持つのです。話題を避けることは、当面は平和な雰囲気をつくりだしますが、真実をはぐらかすことは、後になってもっと大きな問題をつくりだす恐れがあります。

死、死にゆくこと、病気、離婚、そしてその他の多くの喪失の問題において、通常の問題は、親がそうした話題をどう扱ってよいかの知識に欠けていることより、具体的に喪失に関してなにもしないことのほうが問題です。みなさんが、この本を読んだことで、喪失について心を開いて子どもに正直に話すようになるだろうと期待しています。また、みなさん自身の中にも、未解決で未完のままになっているいくつかの出来事があることに気づかれたのではないかと思います。長期に抱えてきた未完の問題が完結することは、今までとは異なったよりよいコミュニケーションを子どもたちと持つことにつながるでしょう。

## 信頼のあるはっきりした評価基準を示す

みなさんが、子どもたちに死やその他の喪失に対する反応について、信頼のできる、明確な理解を示さないでいると、子どもたちはそうした話題に関して、中途半端で不正確な状態にとどまります。その結果、みなさんはこの本の初めにくわしく論じた神話を次の世代へ伝えてしまうことになりかねません。

みなさんは、喪失体験に対して、心を開いて感情をはっきりと示し、伝えなければなりません。喪失について何も言わずに黙っていたり避けたりすることは、もっと問題をつくりだすことになるのです。

みなさんはエキスパートになる必要はありません。私たちが知っていることをすべて知る必要もありません。学校に戻って、もう一度学ぶ必要もありません。ただ、みなさんが長い間使ってきた喪失に対する考え方と対処の方法を考え直し、そしてこの本で読んだことを実際に始める必要があるのです。

まず最初に、自分自身について真実を語りましょう。真実が子どもを傷つけることはありません。話題を避けたり嘘をつくことが傷つけるのです。なぜなら、そうした行動は、また別の悲しい問題を作るからです。それは、「真実の喪失」です。

## 時に世界は後戻りする

ここでみなさんに、葬儀に関するある側面の話をしましょう。

葬儀が現代的に変わることで、以前より癒しが減ったように思います（私たちは、すべての宗教や文化的な習慣が同じとは限らないことを知っていますし、ここでの例は、あくまで一般的な慣例を扱います)。

弔問(通夜)は通常、斎場で死後二、三日以内、葬儀と埋葬の前に執り行われます。遺体は整えられ、棺に横たわった状態で置かれます。友人や家族が集まり、敬愛、哀悼の意を表すための時間を取ります。

葬式の専門家は、遺体を弔問に来た方々に見せるために整えます。写真を使って、美容師は亡くなった方のイメージを写実的にするようにします。衣服を着せたり化粧を施すのは、葬儀の専門家の仕事の一部です。みなさんの中には、愛する人を埋葬する際にドレスやスーツを選んだ方がいるかもしれません。

一九世紀後半と比較してみると、あるいは、二〇世紀前半と比較してみても、その頃は弔問(通夜)は家庭で行われていました。遺体を整える仕事は、多くは女性が行ったものです。衣服を着せるのも髪を整えるのもお化粧もそうでした。体を整えている間に、家族は、私たちが言うところの関係性の見直し(振り返り)を積極的に行いました。亡くなった人について話し、自然に送り出す覚悟を決めていくのでした。遺体そのものが、残された人が亡くなった人との個別で特別の関係性を思い出させる刺激として機能したのです。子どもたちは亡くなった人の体に触れ、死について心を開いて話すことを学びました。

斎場が生まれたとき、死の体験は家庭からそちらへ移ってしまいました。百年前、死は人生の一部である、というのは多分実感のある言葉だったでしょう。けれど葬儀が家庭から斎場へ移ったとき、何か大切なものが失われたように思います。それは、参加するという要素です。参加する、ということに潜在的に含まれたものは、自然に行われる関係性の振り返りです。それは未完のコミュニケーションとそれに伴う感情を発見させ、そして完結の可能性へと導くものだからです。

進歩は、必ずしもよいものとはかぎりません。時に私たちは後戻りをします。斎場を使うことは、悲しみとそこからの回復の両方に否定的な影響を与えました。

みなさんが今していることは、子どもたちにとって有益であり、子どもたちのためになるという考えからやってこられたのでしょう。そしてもしみなさんが私たちに同意できなければ、それを変える必要はありません。しかし、みなさんの決定のもととなる他の情報も得ることを望んでいます。

## 死について話し合うきっかけ

「ペットの死」を扱った時、私たちは死について知的な論議を子どもとするのは必ずしも適切ではない、と言いました。少し後でそのことについてガイドラインを示しますと言いましたが、それがこれです。

死に関する話題が子どもたちにとって重要になるのには、いくつかの異なった場合があります。

年齢にかかわらず、気づきがつねに始まりになります。気づきは普通変化の観察から起こります。緑色の木の葉の色が変わり、茶色になり、枯れて地面に落ちます。自然のものとの比較は、子どもに死の基本的な意味について話すときに助けになります。そして、「死」に関して話すもう一つの機会は、散歩などをしていて死んだ動物を見たときです。死んだリスや小鳥を見たときが、子どもたちと死について話す機会の訪れです。死んだ動物を見たときのみなさんの反応は、子どもたちに生涯にわたるインパクトを与えます。そうした状況での適切で効果的なことを論議しましょう。

みなさんが、子どもといっしょに公園を散歩している、と想像してみてください。そして子どもが、地面に横たわっているリスを見つけたとします。こうした場面は、みなさんが死とは何か、を説明するきっかけになります。小さな子どもなら、死の説明は子どもたちが目で見てわかる、死の明らかな体の特徴に結びつけて行うとよいでしょう。動物が、もう動かなくなったことに子どもが気づくようにしましょう。

動物が、もはや呼吸をしていないことを指摘するのもいいことです。目で見てはっきりわかる傷があれば、その傷がなぜついたのかを思いめぐらしながら語ることもできるでしょう。動物の目が開いたままか、閉じているかを観察することも可能です。

こうしたことを特別にすることの有益さの一つは、子どもが持つ死に対する過度の恐れを少なくすることと、死の不思議な性質を取り去ることにあります。子どもの想像にまかせて処理させてしまうと、子どもはしばしば誤った結論に達してしまいます。正しい情報は、子どもたちの周囲の世界を理解するのに役にたちます。また、子どもたちの喪失による情緒的な影響を効果的に対処するのにも役に立ちます。

死んだ動物を見て、みなさんが言ったりしたりすることは、子どもたちが死に関する信念を確立する第一歩になります。死んだリスを見たとき、きっとみなさんは「まあ、リスが死んでいるわ、かわいそうに」と。そしてその言葉の中には、事実に基づく真実と、死んだ動物を見たことでのみなさんの情緒的な反応の両方がはっきりと表明されているのです。悲しみの感情が正常に交流されるのです。

この本全体を通して、私たちは科学的な主題としての感情を論ずることは避けてきました。しかしながら、次の数ページでは、子どもたちがどのように死について学ぶかの、少しアカデミックな情報を提供したいと思います。みなさんが知っておく必要があり、はっきりと表明し、そして子どもたちに死と悲しみと完結について効果的に教えるために必須のことなので。

大人は、子どもがいかに早い時期から嘆き悲しむ能力を持っているのかを理解していません。生後一八か月になると、子どもたちは愛する人のイメージを守ろうとします。そのようにして、その人を慕う能力を身につけるのです。子どもたちに、死の状況に関しての正しい情報と適切なサポートが与えられる時、健康な大人と同じような方法で、子どもたちも悲しむことが可能です。親には、子どもたちが死というものをどのように見ているか、ということに関しての責任があります。子どもたちが現実的な方法で死をどう見せられるかによって、死に対しての正しく、自然な感情に触れることができるのです。

## 好奇心によって子どもは学ぶ

子どもは死について非常に好奇心があります。死に関する子どもの考え方は、少しずつ進歩していくのです。可逆性（逆戻り）、普遍性、そして因果関係がかかわってきます。五歳以下の子どもたちの多くは、死が永久で、すべての生物学的、認識的、情緒的、身体的な機能が死によって停止することを理解しません。子どもたちは、死とは、まず初めに食べられなくなり、眠らなくなるか話さなくなるということを学びます。その後で、考えたり感じたりする機能がなくなり、夢を見ることもできなくなると理解していきます。

可逆性が、年齢の異なった子どもたちにどのように影響を及ぼすかを説明しましょう。

父親が亡くなりました。二か月して四歳の息子と七歳の娘が母親といっしょに旅に出ました。一か月家から離れていました。戻ってきて家に入ると、四歳の子が父親の車がガレージにあるのを見て興奮して叫びます。「お父さんただいま、おうちに帰ってきたよ！」と。

七歳の子は、すぐさま同じように興奮した感情で、弟の言ったことが正しくないことを理解します。彼女は、父親がもはや家にいないのを知って、すすり泣くかもしれません。

レスリーは、彼女の二匹の犬が車にひかれて死んだとき、はじめて「死ぬ」ということを理解したそうです。その時彼女は八歳でしたが、犬がおなかがすいて疲れているのではないかと考えたそうです。彼女はエサを持っていき、もはや食べない、と理解するまで置いておいたそうです。彼女の両親はその時、死ぬことがどういうことかを説明しませんでした。彼女は、子ども特有の希望的観測により、死者がよみがえるかもしれないと思いました。子どもたちは、しばしば死の前からの習慣をやり続けることがあります。

ここにみなさんの多くが聞くことで楽になる言葉があります。そしてだれにでも役に立つものです。多くの重要なリサーチが指摘しています。

## 子どもたちに、死の現実に関する正確な情報を与えることは、天国と死後の世界に関する宗教的、スピリチュアルな信念体系の発展の妨げにはなりません。

私たちは、死についての真実に満ちたコミュニケーションは、宗教的あるいはスピリチュアルな原理をむしばむことはない、という右記の文章を強調したいと思います。

普遍性の概念は、死は逃げようのない、だれでもまちがいなく死ぬという本源的な理解を含むものです。多くの研究が、六歳から七歳までの子どもたちはこの概念をしっかりととらえていることを示しています。しかしながら、小さな子どもたちは、「ママ、ママも死んじゃうの？」、あるいは、「私、死んじゃうの？」という質問をしがちです。こうした質問は、たしかにぎごちなく感ずるものですが、しかしその問題に関するみなさんの言葉は、正直で、明確で、直接的あるのがよいのです。こうしたことを理解するタイミングは、子どもによっていろいろです。成り行きに任せたり、あてずっぽうにしないことです。よい教育をすればするほど、生と死のすべての側面を効果的に扱うのが楽になるものです。

こうした質問に親が正しく答えない時、大きな否定的な結果が起こりえます。子どもたちにとっては、質問に正直な答えを期待するのは、何も不合理なことではありません。後になって、真実が語られていなかったと気づき、自覚したとき、信じていた人に誤って導かれたことで、とても困難な時を過ごすことになります。不信感は、他人を信じなくなるという深刻な感覚へと発展します。もし子どもたちが質問を系統だてて言えたら、正直な答えが受けられるはずです。たとえその答えがよくわからなくても、彼らはいつも真実が語られていると信じられるようになります。

三番目の重要な概念は、因果関係です。因果関係では、死の様々な原因が理解できるように身体的生物学的事実を扱います。死が不可避なことであることを理解する子どもたちは、死には原因があることを普通理解します。親にとっては、子どもたちが死をどのように理解しているかを注意深く聞くことが重要です。子どもたちが、魔術的思考に引きこまれて、だれかの死が自分に責任があると信じてしまうのは、めずらしいことではありません。もし、祖父母が子どもに対して厳格で荒々しいと、子どもはその人に死んでほしいという秘密の願いを持つことがあります。もし、そうした考えを持った後、短期間でその人が死ぬと、子どもは自分がその人に死の原因を与えたと考えます。その種の考え方の可能性には引き続き注目してください。そうすればみなさんが子どもの思いこみを修正することができるからです。

少し先に進めて、私たちは、大人にも同様の種類の考え方の延長があるのを見てきました。だれかが亡くなったとき、自分の言葉や考え方、そして感情がその人を死なせたと信じるのです。どの状況においても、その種の考え方は、子どもも時代の出来事と信念体系にさかのぼることができます。そしてこの種の考え方は、正しい情報に一度たりとも修正されたことがないのです。

この章を要約した次の言葉で、みなさんに注意を喚起したいと思います。

「みなさんの子どもたちに、真実を示すこと、話すこと、そして教えることは、決して彼らを傷つけることではないのです。生涯にわたる否定的な結果を子どもたちに及ぼすリスクはなにもありません」

# 第31章　婉曲やたとえは混乱をまねく

ここからしばらくは、国語の授業のように思えるかもしれません。ここに私たちの使っている、擦り切れた、しかし信頼できる辞書ウェブスター九版の定義があります。

☆婉曲《えんきょく》／腹を立てるか不愉快にさせるかもしれないことを、一致するか当たりさわりのない表現に置き換えること。

☆比喩《ひゆ》／言葉や語句を文字通りに表現する代わりに、類似した別の表現を使って考えを伝えること。

☆類推《るいすい》／1．二つかそれ以上のものがいくつかの点でお互いに一致すれば、おそらく他の点に関しても一致するだろう、という推論。

2．物事の間におけるいくつかの特定の類似性。他の点においては、同じではない。

☆直喩《ちょくゆ》／何々のような、という形でしばしば紹介される二つの同じではないものを比較して言う言葉。バラのような頬《ほほ》、彼はライオンのように勇敢だ、のように。

とても重要な点をここで指摘したいと思います。婉曲や比喩は、とくに幼い子どもたちにとっては困惑させられるもので、死やその他の喪失を体験したとき、こうした言葉が使われることは子どもたちにとってはとても否定的な影響があるのです。

古典的な例ですが、棺に納められている祖母の前で、子どもが、「おばあちゃんは眠りについたのよ」と言われたとします。その結果、その子は眠りにつくことが怖くなります。大人にとっては、「眠りにつく」というのは死の比喩ですが、小さな子どもたちは言葉通りに受けとってしまいます。

子どもは、自分の周りの世界を理解するようになるにつれて、すべてに疑問と関心を持つようになります。ほとんどすべての親が、一日中「ママ、どうして?」とか、「パパ、なぜなの?」と言われて過ごした覚えがあるはずです。答えにかかわらず、子どもは質問を続けます。「でも、どうしてなの、ママ」。

子どもたちは、自分の周囲の世界を確かめているのです。それは、子どもが生きるためにとても重要なことなのです。しばらくすると、子どもたちは詩情や象徴性や比喩がわかるようになります。子どもたちを急がせず、混乱させないことです。

もう一つ注意を要することは、天国に関する宗教的、スピリチュアルな比喩です。私たちは多くの親から、「祖父に会いに天国に行きたい」と言う子どもたちに関する相談電話を受けています。大好きだった人が行った天国に、自分も行きたいと思って自殺を企図する子どもの数も決して少なくはありません。

そしてまた同じ問題ですが、「お父さんは、神さまのもとへ逝ったのよ」と言い、子どもが言葉通りに受けとってしまうと、残念なことに自殺の危険性が高まります。子どもたちにとっては、愛する人を連れていった神に怒りを持つこともめずらしいことではありません。子どもの時に感じた怒りの感情が癒されていない大人がたくさんいるのです。そして、神やその他の宗教的な考え方に、よい関係性を確立できないままでいるのです。宗教にかかわる精神的な世界から、有益で価値のあるものが奪われてしまうのは、とても残念なことです。

小さな子どもたちは、見たり触ったりできないものを理解するのがとてもむずかしいのです。理解できないものに直面すると、子どもたちは現実で知っていることすべてを応用します。もし、祖父が隣の町に離れて住んでいるなら、車に乗って会いにいきます。もし祖父が天国に行ってしまったなら、子どもの心の中で、「車に乗って、天国にいるおじいちゃんに会いに行こう！」となるのです。多くの人が、天国は空の上にあるようにさりげなく言います。小さな子は文字通りそれを受けとります。子どもたちが、飛行機の窓を見つめ、祖父を探しているという話を聞いています。

少し前に、宗教やスピリチュアルな概念についての話を紹介したときに、「注意を要する」という言葉を使いました。これはまさに注意を要する種類の話です。なぜなら、みなさんがどのような考えを信じていようが、そこに問題があるのではなく、ここでの問題は、天国についての考えを伝えたいと思ったときに、どうすれば子どもたちが混乱せずにわかるか？　ということです。

その答えとして、一つの鍵となる言葉を明確にします。子どもの「おばあちゃんは、どこに行ったの？」、あるいは、「おばあちゃんは、どうしたの？」という質問にはこう答えます。

「おばあちゃんは死んだのよ。死んだら天国に行くと、私たちは信じているわ」

最初に「おばあちゃんは死んだの」と、言うのが鍵なのです。これが最初の言葉であるべきです。もし「おばあちゃんは天国に行ったのよ」から始めると、子どもたちは、自分も祖母のいるところに行きたい、となってしまいます。そして、「おばあちゃんは死んだから行けるの。あなたはそこには行けないのよ」と言うのがとてもむずかしくなってしまいます。小さな子どもたちは、言葉を文字通り受けとる、ということを覚えておいてください。

みなさんは連続する質問に答える責任があります。「死ぬ、ってどういうこと？」、「天国って、なあに?」、「天国って、どこにあるの?」、「天国には、だれがいるの?」、「天国に私も行かれるの?」

私たちは、子どもたちに死をどのように説明したらいいのか説明しました。それがやさしいことだ、とは言っていません。でも正直に話すべきだと伝えました。そしてなるべく簡単に、具体的に。

天国や、死後の世界については、多くの異なった考え方があります。ある人たちは、すらりと垂れた白い服を着た人たちが、美しく、のどかに暮らす映像を思い浮かべます。天国を信じない人たちは、死は、すべての存在が終わることだと信じているかもしれません。みなさんがどのような信念体系を持っているかによって、子どもとの接触の仕方が変わってくるでしょう。みなさんがどのように自分の信念を決めようが、死に関して子どもたちに語るときには、はっきりと話してください。

この章を、数ページ前に言った言葉で締めくくります。

子どもたちに、死の現実に関する正確な情報を与えることは、天国と死後の世界に関する宗教的、スピリチュアルな信念体系の発展の妨げにはなりません。

この言葉が、小さな子どもたちへ死を語る、みなさんの力になることを願っています。子どもたちに、死をはっきりと理解させることに加えて、愛する人の死による正常な感情をみなさん自身が表すことをお勧めします。子どもたちは、すべてのことにおいてみなさんを指導者、道案内として見ていることを忘れないでください。死の現実は、知的なものです。喪失に伴う感情は、情緒的なものです。身体的な死の後には、スピリチュアルな信念が起こります。この三つの面を見つめることが大切だと私たちは思います。

# 第32章　子どもと葬儀

私たちが何よりもっとも多く尋ねられるのが「子どもを葬儀に連れていくべきでしょうか」ということです。

冗談ではなく、私たちはこう尋ねます。「あなたは、お子さんを結婚式に連れていきますか?」と。すると、「結婚式と葬式は違うでしょう」と怒る人もいます。私たちは、この二つの違いは、生ずる感情が異なるだけだと思います。私たちはこの本で、悲しみ、心の痛み、あるいは否定的な感情は、生活の正常で自然なものの一部である、という考え方を示していますから、親がなぜ子どもたちを葬儀に連れていきたがらないのかを疑問に思っています。

もっとも大きな問題は、大人がしなければならないことをしている間、子どもたちが比較的に静かに過ごせる年齢かどうかです。結婚式に子どもを連れていくのも、同じ問題があります。もし子どもたちが式の進行の妨げにならない年齢なら、いっしょに行くことが可能でしょう。

そして重要なのは、どちらの式であっても同じですが、もし初めての経験なら、結婚式であっても葬儀であっても、みなさんは十分に子どもたちを教育する必要があります。そうしたイベントに出席する前に、いくつかの説明をしなければいけません。結婚式を考えてみましょう。子どもたちに、結婚式とは何かの説明をすることです。結婚式とは、二人が愛し合い、助け合うことを約束する場であることを話しましょう。そしてその他のことで、子どもたちに分け与えたいと望んでいる結婚に関することを話しましょう。結婚に関連している宗教的なこと、スピリチュアルなことを含むこともあるでしょう。そして、教会で行われるのか、神社なのか、ホテルなのか、それとも屋外で行われるのかも話しましょう。服装は、フォーマルなのか、インフォーマルなのか結婚式のスタイルによって異なります。

そして、セレモニーが行われている間、静かに、礼儀正しく座っていなければならないことを説明しましょう。そうしたことを子どもたちが忘れてしまったなら、思い出させるようにしましょう。簡単に言えば、前もって何が期待されているのかを話すことです。

それほどむずかしいことではありませんね？

次に、葬式に話を移しましょう。何をし、何をすべきなのでしょう？

結婚式と同じことをする、と私たちが言ったらどう思いますか？　結婚式に関して私たちが説明したガイドラインをそのまま子どもたちに使いましょう。

まず、葬式は、だれかが亡くなった後に行われるものであることを説明しましょう。それは私たちが知った人を記憶しておくために行う儀式で、そうすればその人にさようならを言えるからだと説明しましょう。この時点で、家族が信じている宗教が何であれ、亡くなった人の魂やスピリットがどうなるのかを子どもと分かち合うかもしれません。私たちが、「かもしれません」と言ったことに注意してください。子どもたち自身の興味や関心に沿って、みなさんが自分自身の決定をしてください。葬儀がどういう場所で行われるのか、教会なのか、お寺なのか、あるいは斎場なのか説明することになるでしょう。

その後で葬儀に参加させます。この儀式に参加する際の服装はどうするのかも話しましょう。もっとも重要なことは、式が催されている間、静かに、礼儀正しくして座っていなければならないということです。泣くことはオーケーだということも話しましょう。さらに付け加えて、多くの人たちが泣いているだろうということも。愛する人が亡くなってしまったから、みんな悲しいのだ、と話してください。悲しみは、人が死んだときに私たちが感ずる正常な感情であることを話す機会になります。そしてその後で、食べものが並んだパーティのような場所に行きます。人が集まる理由は、亡くなった人の話をし、その人のことを忘れないようにするためです。そして結婚式のように、もう一つの目的は、その場に立ち会って思い出と悲しみを分かち合うことです。

結婚式と葬式は同じです。しかし、違いがあります。葬式は子どもたちに「立ち入り禁止」とされる場合があるということです。子どもたちが、死を理解しはじめたばかりとします。葬式に参列する経験は子どもたちの役に立つはずです。くわしい説明のための時間と苦労の程度は、子どもたちの要求に明確な考え方を示すことになるはずです。真実を語ることで、死に対する子どもたちの恐れを少なくすることができます。みなさんは、結婚式やその他の肯定的な出来事によって引き起こされる感情を養うのと同じ方法で、死に関連した感情的な現実を理解するように子どもたちを援助できます。

私たちは仕事の性質上、「私は葬儀にはいきません」という多くの人たちに会ってきました。例外なくそうした言葉と恐れは、ずっと昔に起きた不幸な出来事につながっているにちがいありません。もっとも一般的なのは、子どもの時に葬式に連れていかれ、何をどうすればいいのかの説明が何もなかったという経験をしていた、ということです。私たちがよく聞く不満は、開かれたままの棺についての説明が何もなかったことと、初めて遺体を見るのはどんな気持ちのするものかに関しても、いっさい説明がなかったことです。子どもたちにとっては、簡単な説明でも生涯にわたるいい結果につながるのです。

葬式に関して適切に準備がなされていないのは、子どもたちの生活を不幸にするほんの一例です。

もう一つの、長期にわたって否定的な衝撃を与える経験は、子どもたちにとってとても大切な人の葬儀に参加が許されないことです。二〇年、三〇年、四〇年たってから、そうした人たちが私たちのワークショップに参加して、葬儀が与えてくれる完結の可能性を奪われてしまって、とても大きな未完の感情を抱いているとわかるのです。

## 45年たっても忘れられないトラウマとなる

フレッド・ミラーは、私たちの親しい友人です。この本を書いているとき、私たちは彼に時々あちこちの章を読んでもらい意見をもらいました。アマンダと祖母ナナの物語を読んでいたとき、フレッドはとても強い反応をしました。彼の了解を得て、フレッドの話を少ししたいと思います。

フレッドが一〇歳の時、彼の祖母が亡くなりました。まだ小さかったフレッドは、祖母とはそれほど親しい関係ではありませんでした。その時まで、家族の死を経験したことがありませんでした。また、葬儀に参加したこともありませんでした。彼はどうしたらいいのか、全く考えられませんでした。彼の母親は、おそらく母親の死によって悲しみに心を奪われていたはずです。そのため、葬儀で何があるのか、何をしてはいけないのかをフレッドに説明することを考えてもいませんでした。

フレッドは母親とともに葬儀に行きました。母親は行きなさい、と強いることはしませんでした。式の最後になって、会葬者は開いた棺に向かって列になって歩き、最後の敬意を表しました。フレッドが棺に近づいていくと、母親がフレッドに、さようならのキスをするように言いました。フレッドは、母親の願いに沿うように、祖母の顔にキスをするために、前かがみになりました。そのとき、彼の手は祖母の冷たい冷たい手に触れました。彼の脳は、祖母の冷たい感覚を、表現しようのない気味の悪さとして記憶しています。

自分の唇が祖母の顔に触れたことは、恐ろしい体験として彼に残りました。もうすでに45年もたってい るのに、フレッドはいまだに冷え冷えとした感触を覚えていると話しました。フレッドは話しながら、今あたかもそのことが起きているかのように、恐ろしい感覚を再体験しているように見えました。

この出来事は、フレッドの人生に様々な形で影響を与えました。生涯を通じて、フレッドは悲しんでいる人に冷淡でした。彼自身の悲しみに対してもそうでした。彼は葬儀屋を避けて通ります。そして葬儀に参加しません。彼は、葬儀の前の通夜には参加しますが、遺体に触れることは決してしません。

フレッドの話は彼にとっては真実であって、私たちはとても悲しく感じます。しかし、子どもたちが適切な説明がなされず、選択肢が示されないと、生涯にわたってさまざまな影響がでることを示しています。母親は、フレッドに祖母にキスをするように言ったとき、それを強いはしませんでしたが、一〇歳の子どもにとっては、母親は権威者のように力があるのです。

しかし、この物語をみなさんと分かち合いたい本当の理由は、ほんの少しの説明があれば、フレッドは45年間もの恐れと不快感を避けることができたということです。

みなさんは、もしフレッドの母親か、あるいはだれか他の人であっても、その問題のためにほんの数分間時間を使ってフレッドに話をしたとしたら、何がどう変わったか想像できますか?

それは詰問ではなく、やさしい質問で始まったはずです。「葬儀に行ったことある?」、「葬儀って何だかわかる?」、「今までに亡くなった人の体に触ったことある?」。この最後の質問はとても重要です。子どもにとっても大人にとってさえ、亡くなった人の体に初めて触る経験はとても奇妙な感覚であるはずです。

人間を見て、もしそれが動いていなければ不思議な感覚がするはずです。遺体を見るのは、寝ている人を見るのとは違います。静止しているということだけでなく、確かな不在、欠如を感じます。そうした不在感、欠如感が示すものが何かに関しては、さまざまな意見があります。こう言うのは問題ないと思いますが、それはおそらく生命力が失われているからだと思います。大人なら、私たちが今言ったことがおわかりになると思います。みなさんは、子どもに対してのコミュニケーションの方法を見つけなければなりません。

そして、遺体は人に見えるけれど、生きていた時とは同じようには感じられないということです。生きている人に触れれば熱とエネルギーを感じますが、遺体の冷たさとエネルギーの欠如は、まったくなじみのない感覚を作り出します。脳がそれまでに経験したことがないことに反応し、混乱を起こすのです。混乱と恐れです。

心がまえがないと、亡くなった人の体に触れることは圧倒される経験となるはずです。亡くなった人との関係を巡るすべての感情は、この出来事によっていっそう大きくなります。

**○忠告の言葉**／もし子どもが葬儀に行くのなら、あるいは連れていくのであれば、子どもといっしょに座ってください。会話をしてください。みなさん自身について話をしてください。もしみなさんが話をするのが恐ろしいとか、まずい、と感じていたなら、最初に子どもにそう言いましょう。みなさんが葬儀に参加したことがなかったら、亡くなった人の体に触ったこともないはずです。もし、そうしたことが真実だったら、253頁から読み返し、子どもに説明しましょう。みなさんもいっしょに学ぶことができます。

さらにいくつか子どもたちに話してほしいことがあります。そうすれば、子どもたちはなぜ葬儀に意味があるのかについての良い考えを持つようになります。文化や宗教上の信念体系によって、葬儀や追悼式に開かれた棺を置くか置かないかは変わります。葬儀と開かれた棺の一つの目的は、人々が体を見て、亡くなったと聞いていたことが事実だと確認するためです。別の技術的な方法として、目で見て情報を確認できる場の提供という意味があります。これはとても重要です。

なぜ洋上での悲劇的な飛行機事故で、遺体を見つけるために多大な時間と労力と費用が費やされるのか、それは愛する人が亡くなったという証拠を家族に提供するためなのです。その確認で、亡くなった時に残された未完の感情を発見し、完結への道を歩むことができるようになるのです。

○最後にもう一つ／みなさんはまた子どもたちに、参列者が遺体に話しかけていることを説明するでしょう。葬式は、亡くなった人との様々な出来事を思い出すのを助けるでしょう。そうした思い出が、今までに言ったことがなかったことや、もう一度言う必要のあることなどに気づかせてくれるのです。

どうか、子どもたちがそうしたことは健康なことだと理解するように援助してください。そして棺のそばで何かを言えるように援助してください。もちろん、何かを言ったり、遺体に触れたりするのは、つねに子どもたちの選択です。こうした問題に、強制があってはいけません。

## みなさんと共に私たちの完結

私たちのワークショップやトレーニングコースの最後には、あることをする習慣があります。それは、出席した人たちに、何か価値のあるものを得たかどうかを聞くのです。参加者が「はい」と答えると、私たちは、「あなたが受けとった価値のあるものとは、私たちが示した気持ちを受け止め、新しい行動をとるあなたの勇気によって得られた直接的な結果です」と言います。私たちは、参加者自身に自分をほめるように勧めます。私たちが新しい情報を提供したことであなたが心を開き、新しい考え方を受け入れ、新しい自由と選択肢を手に入れたことに確信をもってほしいと願っています。

そこで、私たちが今ここで同じことができるかどうか考えてみましょう。もしみなさんがこの本を読んで何か価値のあるものに出会ったと感じたなら、みなさんは古い信念体系を骨折って見直し、新しいものに出会った自分を大いに賞賛しましょう。私たちの仕事は終わりました。今度はみなさんがここで学んだことを日常的な場面で適用する番です。ご自分にやさしく、また子どもたちにやさしくしましょう。

さようならを言う前に、みなさんのサポートを得たいと思います。もしみなさんがこの本から子どもの生活の質を高め、役に立つものを得たと信じられたら、そして経済的な状況が許すなら、地域の図書館や、学校の図書館、教会や社会的な機関、学生や患者の役に立つ場所にこの本を寄贈、またはリクエストしてください。葬儀社や霊園にも、この本を持っているべきだと伝えてください。

みなさんの子どもたちに代わって、ありがとう。そしてみなさんが大好きです。さようなら。

ジョン、ラッセル、そしてレスリー

## 付録／調査のための74の質問

　レスリーが調査に使った74の質問を紹介します。レスリーはこの質問によって親を二つのグループに分けました。子どもが悲しみからの回復に必要な原理原則と行動を知っているグループと、子どもの悲しみからの回復に関してはほとんど何も知らないグループです。さらに子どもを四歳と八歳に分け、親からどのような影響を受けているかを比較しました。

〔74の質問〕

1．子どもに親戚の人の死を話すとき、「死ぬ」以外の言葉をつかった（「遠くへいった」「星になった」「天国へいった」など）。　□はい　□いいえ
2．子どもに親戚の人の死を話すとき、はっきり「死んだ」と伝えた。　□はい　□いいえ
3．ある人が亡くなってから、気力がない。　□はい　□いいえ
4．もし、子どもといっしょに公園を歩いていて、死んだリスの死体を見つけたら、子どもが望むだけ長い時間見せてやる。　□はい　□いいえ
5．もし、子どもといっしょに公園を歩いていて、死んだリスの死体を見つけたら、子どもに死んだリスについて何か質問があるか聞く。　□はい　□いいえ
6．私の子どもは、亡くなった人とのつながりで肯定的な出来事を話した。　□はい　□いいえ
7．子どもと死と悲しみについて話をするとき、一人で悲しむように言った。　□はい　□いいえ
8．子どもと死と悲しみについて話をするとき、感情を自由に表現するように言った。　□はい　□いいえ
9．子どもと死と悲しみについて話をするとき、泣きたかったら泣いていいと言った。　□はい　□いいえ

10. 子どもと死と悲しみについて話をするとき、忙しくするように言った。そうすれば悲しみを感じないですむので。 □はい □いいえ
11. 子どもと死と悲しみについて話をするとき、亡くしたものの代わりを手にするように言った（友人やペットなど）。 □はい □いいえ
12. 子どもと死と悲しみについて話をするとき、感じていることを家庭以外の場所で表すように言った。 □はい □いいえ
13. 子どもと死と悲しみについて話をするとき、数日泣いたら元の生活に戻るように言った。 □はい □いいえ
14. 子どもと死と悲しみについて話すとき、強くならなければだめだと言った。 □はい □いいえ
15. 私は子どもの前で、死に関する感情を表現した。 □はい □いいえ
16. 私の子どもは、私の前で親戚の人の死を悲しんで泣いた。 □はい □いいえ
17. 私は、身内の死にいつもとらわれている。 □はい □いいえ
18. 私は子どもに、亡くなった人と分かち合えなくなった将来の出来事について話すようにすすめた。 □はい □いいえ
19. 私の死と悲しみに関する信念は、子どもに影響があると思う。 □はい □いいえ
20. 私は死や悲しみによって、今も通常の睡眠がとれない。 □はい □いいえ
21. 私は、亡くなった人との関係での肯定的な記憶や出来事をだれかに話した。 □はい □いいえ
22. 私は子どもに、遺体を見たり触れたりすることはどんなことかを説明する（した）。（冷たい皮膚、腕や足の硬直、異なった皮膚の色、顔の表情など） □はい □いいえ

23. ある人の死後、子どもの社会的活動や友人とのつきあいが減ったことに気づいた。□はい　□いいえ
24. 私は、葬儀について子どもに説明する（した）。□はい　□いいえ
25. 家族の死後、私は関連した写真をすべて片づけてしまった。□はい　□いいえ
26. 私は子どもに、死後、体がどうなるのかを話す（した）。□はい　□いいえ
27. 葬儀について説明した後、私は子どもに葬儀に行くか行かないかの選択肢を与える（与えた）。□はい　□いいえ
28. 子どもたちは、身内の死をなるべく早く知らされるべきと思う。□はい　□いいえ
29. 私は、子どもが死を知ったら一人で悲しむように言う。□はい　□いいえ
30. ある人が亡くなってから、私は子どもがいつも気力がないのに気がついた。□はい　□いいえ
31. 私は身内の死について、だれかと自分の感情を話すことができた。□はい　□いいえ
32. 私は子どもに亡くなった身内とのつながりについて話すようにすすめた。□はい　□いいえ
33. ある人が亡くなってから、子どもは人前でも泣いた。□はい　□いいえ
34. 私は子どもに亡くなった人との間での出来事やつながりについて肯定的な思い出を話すようにすすめる（すすめた）。□はい　□いいえ
35. 私は子どもが望めば遺体を見るようにすすめる（すすめた）。□はい　□いいえ
36. 私は子どもに亡くなった身内の遺品を選ぶか受け取るようにすすめる（すすめた）。□はい　□いいえ
37. 私は子どもに葬儀のセレモニーに参加するようにすすめる（すすめた）。記帳、花を捧げる、歌を歌うなど。□はい　□いいえ
38. 人が亡くなった時、私は自分の感情を子どもに伝えた。□はい　□いいえ

39. 私は子どもに悲しみの感情を説明するために、自分の喪失の体験の記憶を伝えた。 □はい □いいえ
40. ある人が亡くなってから、私は社会活動や友人とのつきあいに対する興味が減った。 □はい □いいえ
41. 私は亡くなった人との間で起きた否定的な出来事や記憶を話す。 □はい □いいえ
42. 私は子どもに自分が感じたことを話した。 □はい □いいえ
43. 私は一人で悲しむほうがいい。 □はい □いいえ
44. 私は子どもに泣いてよい、と言う。 □はい □いいえ
45. 私は身内が亡くなった後、子どもにトラブルを起こさないように注意する。 □はい □いいえ
46. 私は子どもに、死は、人生とは何かに関する疑問を起こさせると話した。（人は何年生きるのか、だれでも死ぬのか、なぜ死ぬのか、など。） □はい □いいえ
47. 私は子どもに話したいときにはいつでも身内について話すようにすすめた。 □はい □いいえ
48. 身内が亡くなった時、子どもは死に伴う感情を表現した。 □はい □いいえ
49. 私は亡くなった身内と自分とのつながりについて話した。 □はい □いいえ
50. 私は子どもに残された家族のために強くあれと言った。 □はい □いいえ
51. 私は子どもたちは、身内の死はできるだけ長い間知らされるべきでないと信じている。 □はい □いいえ
52. 私の子どもは話したいときはいつでも亡くなった身内のことを話している。 □はい □いいえ
53. 私の子どもは亡くなった身内との将来分かちあえない出来事について話している。 □はい □いいえ
54. 私は子どもの前で、身内の死をなげいて泣く（泣いた）。 □はい □いいえ
55. 子どもが死に関して質問したとき、私の知識すべてを用いて正確に答えた。 □はい □いいえ
56. 子どもが死に関して質問したとき、私は話題をもっと楽しいものに変えた。 □はい □いいえ

57. 子どもが死に関して質問したとき、子どもが聞きたそうな答えを与えた。 □はい □いいえ
58. 子どもが死に関して質問したとき、私は話したくない、と言った。 □はい □いいえ
59. 子どもが死に関して質問したとき、私は気分がよくなるのは時間の問題だと言った。 □はい □いいえ
60. 私は子どもに亡くなった人とのつながりでの否定的な出来事を話すようにすすめた。 □はい □いいえ
61. 私の子どもは私の前で感情を表す。 □はい □いいえ
62. もしペットが死んだら、すぐに代わりのペットを与える。 □はい □いいえ
63. 身内の死を経験したとき、私は子どもに忙しくするように言った。 □はい □いいえ
64. 私は家族のために強くありたい。 □はい □いいえ
65. 私は自分の家族の前では泣きたくない。 □はい □いいえ
66. 私は子どもに、死んだ後、体がどうなるのかを質問してもいい、と言う（言った）。 □はい □いいえ
67. だれかが亡くなった時、私は子どもと疑問や感情を分かち合うようにすすめる（すすめた）。 □はい □いいえ
68. ある人が亡くなってから、私は物事に集中できなくなった。 □はい □いいえ
69. 私は子どもが望んだときには葬儀に行くのも遺体を見るのもすすめる（すすめた）。 □はい □いいえ
70. 私は子どもの前で自分の否定的な感情を表現した（なげく、泣くなど）。 □はい □いいえ
71. 私は子どもに亡くなった大切な人の夢を見るのは普通だと言った。 □はい □いいえ
72. ある人が亡くなってから私は忙しく過ごした。そうすれば悲しくないから。 □はい □いいえ
73. 私は亡くなった身内のことを、子どもの前で自由に話す。 □はい □いいえ
74. 私は亡くなった身内と将来分かちあえない出来事について話す。 □はい □いいえ

# 訳者あとがき

この書の原題は、「When Children Grieve」で、3人による共著です。3人の著者は、それぞれ大きな喪失の体験をし、その悲しみからの回復のプロセスで学んだことをベースとして書かれたものがこの書です。

本文にもあるように、何か試験に合格したり、結婚、就職、栄転が決まったなどといった肯定的な出来事が生じた場合には、周囲の人たちは本人の喜び、感情をそのまま受け入れようとしますが、ことが否定的な出来事の場合、たとえば人や動物の死や何かを失ったような場合には、それらを知った周囲の人たちは、本人の悲しみなどの感情をそのまま受け入れようとしないのです。泣くのは男らしくない、誰でも経験すること、もっとつらい思いをしている人はいくらでもいる、かわりになるものを手に入れなさい、時間がたてば自然に忘れる、などと言って感情を「善意で」封じこめようとするのです。あるいは、他の人の例を持ち出して、そういう人と比べたら、あなたが悲しむのはおかしい、とまで言うことがあります。

本文にある小さな女の子の例を思い出します。その子は、靴をなくして悲しんでいました。すると、世の中には、足を失った人だっているのよ、と親に諭されます。大切で、大好きだった靴をなくしたくらいで悲しむのは、小さな女の子にとっては贅沢な悲しみなのでしょうか。

こうしたことは、じつは私たちが子ども時代から多かれ少なかれ経験していることで、すでに一つの文化、習慣となっています。その結果、私たちの心の深い部分に、子ども時代からつい最近までのつらい体験に基づく否定的な感情が抑圧されたまま蓄積されています。子ども時代のことを語って涙を流す人たちのいかに多いことか。悲しみや寂しさ、時には怒りや空虚感を胸にいっぱい詰めこんだまま生きている子どもも大人もたくさんいるのです。

表現することを抑圧してしまった感情は、いつのまにか、ちょうどエレベーターに大勢の人が乗っているような状態になり、次に新たな喪失体験が積み重なるとブザーが警告音を鳴らします。抑圧した否定的な感情は、決して時間の経過で消滅することはありません。時間が人を癒す、とよく言われますが、もし時間が私たちを癒すことがあるとしたら、それは何十年、何百年という途方もない時間の経過が必要かもしれません。その間、思い出しては泣き、悲しみがいつか怒りに変わり、自己否定感に変わることは自然な流れです。癒されない悲しみほど私たちを生きにくくするものはありません。

こうした、いわゆる未完の悲しみを癒す方法として、本文にもあるように食べ物で気分を変えようとしたり、アルコールや薬物の摂取で心の痛みを麻痺《まひ》させることは、いつしか摂食障害やアルコール・薬物依存症となり、また新たな苦しみを私たちに与えます。なかには、うつ病で苦しむ人や、耐えきれない心の痛みによる自殺も数多く起きているのです。エレベーターは、過積載になれば警告ブザーを鳴らしてくれますが、人間の場合には、ブザーは時にはうつであり、依存症、摂食障害なのでしょう。あるいは自殺にまでいたるかもしれません。膨大な予算と労力を使った国や自治体の懸命な自殺対策や薬物乱用対策が必ずしも期待通りの効果をあげていない現状は、こうした積み重なった心の痛みに目が向けられていないためと言っても過言ではありません。

およそ3年前の主として東北地方を中心にした大きな震災により、ご家族を失った方、住み慣れた家や財産、飼っていた動物、地域社会そのものまで失い、住宅の崩壊は免れても、放射能の影響によって帰宅すらできない方々の喪失感の大きさと悲しみには、ただただ圧倒されるばかりです。そうした方々の心の痛みが抑圧されることなく、本書のような方法をもって表現されることは必要不可欠なことと思います。特に、子どもたちの周囲にいる親や親戚の方々、援助者や治療者は、自分たちが自分自身の悲しみを癒すプロセスを踏んだうえで子どもたちにかかわってほしいと思います。著者が言っているように、スキューバダイビングを習う時、一度もスキューバダイビングをしたことのない人から習うのは危険です。これもまた著者が言っているように、セルフケアと言ってもかまいませんが、大人自身がセルフケアをしたうえで子どもたちにかかわってほしいものです。

3人の著者は、それぞれ大きな喪失の体験をしています。著者の一人レスリー・ランドンは、父親が有名な俳優でした。「大草原の小さな家」は、連続テレビドラマとしてアメリカでも日本でも視聴率がきわめて高かった番組でした。あの主人公のマイケル・ランドンの娘であるレスリー・ランドンは、喪失体験で悲しむ子どもたちに、どのような援助をすべきかを博士論文で書きました。彼女がまだ若かった頃、朝目が覚めたら父親のマイケルがいなくなり、それ以来ずっと会えない生活が続き、まだ53歳の若さでその父親がこの世から去ったのです。それまで彼女が受けた援助では、彼女自身が回復できなかったばかりか、自分が仕事でかかわる子どもたちを悲しみから回復に導くことができなかったために、他の二人の著者と共に回復のための手順を考えて一冊の本にまとめたのです。華やかな芸能人の生活の裏に、こうした悲しみに沈む少女がいて、いつしかその子が大人になって援助者となって悲しむ子どもたちを援助しているのです。何とも素晴らしいサイクルです。

訳者自身、長らく依存症者にかかわってきていますが、再発を繰り返す人たちがとても多いです。専門家さえ再発は病の一部である、と言い切ります。せっかくアルコールや薬物、ギャンブル、過食が止まっても、処方薬に依存したり、アルコールがギャンブルに代わっただけの人や、その逆の人も多いのです。

「クロスアディクション」と言いますが、子どものころからの喪失による悲しみが全く癒されることなく、それまで長い間使ってきた「痛みどめ」としての方法だけをやめてみたところで、生き方が苦しいのは何も変わるはずもないのです。それを抗鬱剤《こううつざい》や安定剤などで対処しているので処方薬依存が出来上がるのです。処方薬依存こそ「クロスアディクション」の典型です。この本が、依存症の背景や再発、クロスアディクションを理解するためにも、依存症者や治療者にも必須のものであると確信しています。子ども時代にこうした癒されない悲しみを抱え、そのまま大人になり、いつか摂食障害や依存症という病を抱える前に対応することこそ、うつや自殺、さまざまな依存症の予防ではないでしょうか。

共訳者の黒岩久美子さんには、コピーライターとしてご多忙な中、また最愛のお子さんと猫のぶんちゃんのお世話をされる中、訳のお手伝いをいただいただけでなく、いくつかのめったに出会わない英語の意味や使い方などをお教えいただき、心から感謝しております。

悲しみは残念ながらなくすことはできません。人生は、留まることがありません。夜の12時を過ぎれば、また明日になり、明日にはまた、新たな出会いがある反面、喪失が待ち受けています。人生とは、出会いであり、喪失の繰り返しです。「Life is hello, life is good-bye」だとよくアメリカ人は言います。

この書が、皆様が今抱えている悲しみを、少しでも癒すことに役立つとしたら、３人の著者はもとより、訳者の大きな喜びでもあります。

二〇一四年六月

水澤都加佐

著　者

ジョン・ジェームズ（John W. James）

イリノイ州生まれ。1977年に、生後3日の息子が亡くなったために、予期せず深い悲しみとそこからの回復のプロセスに突き進むことになった。ロサンゼルスにエミー賞受賞の俳優で妻のJess Walton、25歳の娘、20歳の息子と生活している。

ラッセル・フリードマン（Russell P. Friedman）

ニューヨーク州生まれ。二度の離婚の後、1986年に「Grief Recovery Institute」につながり、ボランティアとして何年も働き、ジョンの片腕となった。目に入れても痛くないほど愛している娘のケリーはロサンゼルスに在住。自身もロサンゼルスに女優のAlice Bordenと犬のマックスと住んでいる。

レスリー・ランドン（Dr. Leslie Landon Matthews）

ロサンゼルス生まれ。父親で俳優のMichael Landon（マイケル・ランドン）の死に関しての数多くの報道と出版がなされた後、悲しみからの回復のためのワークショップに参加。子どもの深い悲しみに関する研究で博士号を取得している。夫のBrianと子どもたちとともに南カリフォルニアに在住。

〔連絡先〕

The Grief Recovery Institute→P.O.Box 56223 Sherman Oaks, CA91403

The Grief Recovery Institute of Canada→188 Charlotteville Road W.1/4Line R.R.# 1　St. Williams, Ontario Cnada NOE IPO

Web→www.grief.net
e-mail→support@grief.net

共訳者

黒岩久美子（くろいわ・くみこ）

慶應義塾大学文学部英米文学科にてアメリカ文学を学ぶ。化粧品メーカーのコピーライターを経て、現在フリーで活動中。共著書に『自分の怒りと向きあう本』（実務教育出版）がある。

訳 者
水澤都加佐（みずさわ・つかさ）
1943年生まれ。ソーシャル・ワーカー、カウンセラー。(株) アスク・ヒューマン・ケア取締役・研修相談センター所長。特定非営利活動法人 ASK（アルコール薬物問題全国市民協会）副代表。治療・援助者のスーパーバイザー、企業や官庁のメンタルヘルスアドバイザーとしても活躍。'05年、横浜に HRI（Healing&Recovery Institute）を開設。主な著書に『自分を好きになる言葉』（講談社）、『職場のアルコール対策ハンドブック』（アスク・ヒューマン・ケア）、『仕事で燃えつきないために』『悲しみにおしつぶされないために』（大月書店）、主な訳書に『うつをやめれば楽になる』（PHP研究所）、『恋愛依存の心理分析』（大和書房）、『共依存かもしれない』『PTSDってなに？』『自殺、なぜ？　どうして！』（大月書店）など多数。
〔HRI連絡先〕045-663-9027（火〜金曜日 午前10〜午後4時）

装丁・デザイン　藤本孝明＋如月舎

子どもの悲しみによりそう
喪失体験の適切なサポート法

2014年6月20日　第1刷発行

定価はカバーに表示してあります

発行者　中川　進

訳 者　水澤都加佐・黒岩久美子

〒113-0033　東京都文京区本郷 2-11-9
発行所　株式会社　大　月　書　店
印刷　三晃印刷
製本　中永製本
電話 03-3813-4651（代表）　FAX 03-3813-4656　振替 00130-7-16387
http://www.otsukishoten.co.jp/

© Mizusawa Tsukasa, Kuroiwa Kumiko 2014
本書の内容の一部あるいは全部を無断で複写複製（コピー）することは法律で認められた場合を除き、著作者および出版社の権利の侵害となりますので、その場合にはあらかじめ小社あて許諾を求めてください。

ISBN 978-4-272-42016-2 C0011　Printed in Japan

（好評既刊）

# 『自殺、なぜ？ どうして！
## 自殺予防、自殺企図者と自死遺族のケアのために』

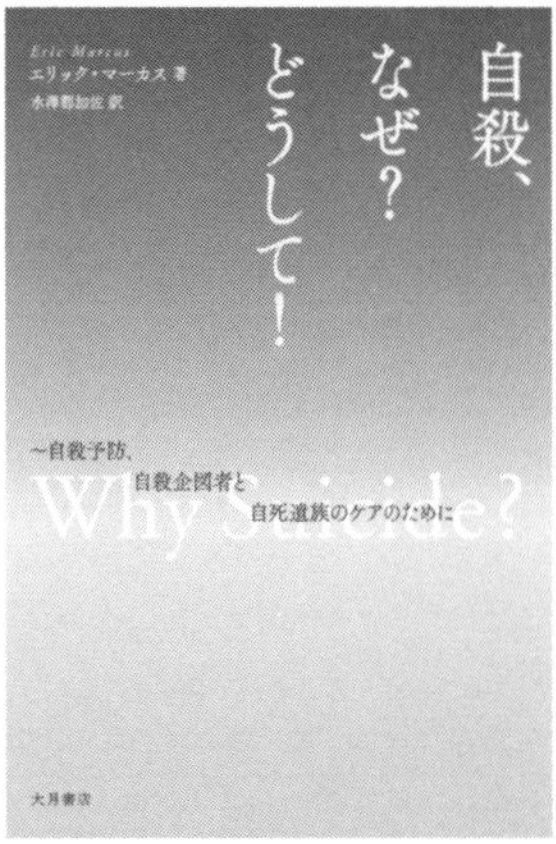


［著］エリック・マーカス
〔訳〕水澤都加佐

☆自殺のすべてがわかる
自殺百科

◆解説　松本俊彦
（自殺予防総合対策センター副センター長）

父親を自殺で亡くした著者が、自身の経験と幅広い調査・聞き取りを元に、自殺に関する200以上の「なぜ？」に、簡潔に丁寧に心を尽くして答えていく。自死遺族や自殺企図者をケアし、カウンセラー、医師、教育者等の専門家にも役だつ決定版。

＊20年前に妹が自殺してから、ずっと探していた本です。著者のエリック・マーカスは、遺族の悲しみと、自殺のショックによる痛みに満ちた多くの「なぜ」という疑問に、可能な限り、平易で丁寧に答えます。（ジュリア・グラス、作家）
＊幼児から大学までの教育者、学校の運営にあたる人たち、カウンセラー、小児科医、ソーシャルワーカー、精神保健に従事する専門職などの人たちが、この本から役に立つ情報を得るにちがいありません。（メアリー・レフカリテス、ニューヨーク市立ハンター大学助教授）

◆本体1900円、256頁、46判並製カバー装、ISBN 978-4-272-42015-5